reinhardt

Tina M. Ossege • Doris Hammerschmidt

Fantasiegeschichten für Menschen mit geistiger Beeinträchtigung

Vorlesen und anhören – gemeinsam entspannen

3. Auflage

Mit Audio-Dateien zum Download

Ernst Reinhardt Verlag München

Tina Marein Ossege, Sozialarbeiterin, systemische Beraterin und Erzieherin, arbeitet seit 2003 für die Lebenshilfe München mit Menschen mit geistiger Beeinträchtigung. Einer ihrer Schwerpunkte ist die Entwicklung und Durchführung von Entspannungskursen für die von ihr begleiteten Menschen.

Doris Hammerschmidt ist Rundfunkjournalistin und Mitinhaberin der Audio- und Videoproduktions-Agentur Medienproduktion München in Ottobrunn.

Die diesem Band zugehörige Audio-CD ist im Ernst Reinhardt Verlag lieferbar:
Ossege/Hammerschmidt: 30 Entspannungsgeschichten in einfacher Sprache, Audio-CD. ISBN: 978-3-497-02605-0

1. Aufl. erscheinen u.d.T.: Entspannung für Menschen mit geistiger Beeinträchtigung. 30 Fantasiegeschichten zum Vorlesen und Anhören

Bibliografische Information der Deutschen Nationalbibliothek

Die Deutsche Nationalbibliothek verzeichnet diese Publikation in der Deutschen Nationalbibliografie; detaillierte bibliografische Daten sind im Internet über <http://dnb.d-nb.de> abrufbar.
ISBN 978-3-497-03111-5 (Print)
3. Auflage

Printed in EU
Cover unter Verwendung eines Fotos von © doris oberfrank-list/Fotolia.com
Sprecherinnen auf der CD: Tina M. Ossege, Doris Hammerschmidt
Satz: FELSBERG Satz & Layout, Göttingen

Ernst Reinhardt Verlag, Kemnatenstr. 46, D-80639 München
Net: www.reinhardt-verlag.de E-Mail: info@reinhardt-verlag.de

Inhalt

Download

- Anleitung für die Entspannungspraxis in einfacher Sprache, gesprochen von Doris Hammerschmidt
- 30 Geschichten aus dem Buch, gesprochen von Tina Marein Ossege und Doris Hammerschmidt

Die Anleitung und die Geschichten können Leserinnen und Leser dieses Buchs auf der Homepage des Ernst Reinhardt Verlags unter www.reinhardt-verlag.de herunterladen. Sie sind passwortgeschützt, das Passwort zum Öffnen der Dateien finden Sie am Ende des Buches.

Vorwort

Seit vielen Jahren arbeite ich, Tina Marein Ossege, mit Menschen mit geistiger Beeinträchtigung und beschäftige mich mit dem Autogenen Training – für mich eine sehr wirkungsvolle Methode zur Entspannung. Dieses Buch führt beides zusammen: gelenkte Fantasiereisen für Menschen mit geistiger Behinderung.

Seit Jahren schon lese ich meinen Kursteilnehmern solche Texte vor. Und häufig fragen sie mich anschließend, ob ich meine Geschichten nicht aufschreiben oder sogar aufnehmen könnte. Eine Teilnehmerin sagte einmal: „Dann könnten wir die Geschichten mitnehmen und zu Hause einfach mal chillen." Dieses Buch und diese CD sollen diesem Wunsch entsprechen – für die Anregung möchte ich meinen Teilnehmerinnen und Teilnehmern ganz herzlich danken.

An einigen Stellen schreibe ich in der ersten Person, da nur ich, Tina Marein Ossege, als Fachkraft mit Menschen mit geistiger Beeinträchtigung arbeite. Wenn im Folgenden in der Ich-Form berichtet wird, so handelt es sich also immer um meine persönlichen Erfahrungen aus der praktischen Arbeit.

Doris Hammerschmidt von der Medienproduktion München, einer Agentur für Video- und Audioproduktionen, hat meinen Ideen den nötigen medialen Schliff gegeben und für die professionelle tontechnische Umsetzung gesorgt. Sie interessiert sich seit jeher sehr für meine Arbeit mit Menschen mit geistiger Beeinträchtigung, weswegen wir seit längerer Zeit ein entsprechendes gemeinsames Projekt vor Augen hatten. Wir freuen uns, dass wir diese Idee in die Tat umsetzen konnten.

Die Geschichten haben wir zusammen verfasst. Ich, Tina Ossege, habe sie alle ausführlich in der Praxis erprobt. Im ersten Geschichtenkapitel „Durch die Jahreszeiten" hören Sie meine Stimme. Den zweiten Teil „Andere friedvolle Momente", hat Doris Hammerschmidt vertont.

Wir hoffen, wir können Ihnen mit unseren Geschichten und pädagogischen Empfehlungen einige gute Anregungen geben.

Es hat uns unheimlich Spaß gemacht, weil es auch uns beim Schreiben oder Lesen immer wieder auf die wesentlichen Punkte im Leben zurückverwiesen hat – nämlich das Leben in seiner Einmaligkeit zu genießen und sich über seine Schätze zu freuen. Denn die hat jeder, es lohnt sich, sich das immer wieder bewusst zu machen. Und besonders gut kann man diese essentiellen Momente auch zusammen mit Menschen mit geistiger Beeinträchtigung erleben.

Danken möchten wir ganz explizit den Bewohnern der Wohnstätte und den Beschäftigten in der Werkstatt der Lebenshilfe München in Putzbrunn – für ihre Anregungen, ihre Begeisterung und viele intensive und inspirierende Momente. Besonders danken möchte ich meinen Vorgesetzten in beiden Einrichtungen, die meine Kursangebote immer wertgeschätzt haben. Sie alle haben uns zu diesem Buch inspiriert. Ein herzliches Dankeschön auch an meinen Sohn Nils und seinen Freund Lorenzo, die uns bei der Geschichte „Ein Tag auf dem Fußballplatz" mit wirklich gelungenen Einfällen zu unterstützen wussten. Danke Jungs! Ein lieber Dank außerdem an Frank Busch, für viel Geduld und tontechnische Unterstützung sowie für den einen oder anderen Spielenachmittag mit Nils, während wir am Buch arbeiteten.

Für wen ist dieses Buch geeignet?

„Entspannung für Menschen mit geistiger Beeinträchtigung" richtet sich an erwachsene Menschen mit leichter und mittelgradiger mentaler Beeinträchtigung. Die Geschichten sind in einfacher Sprache geschrieben und nutzen die Imaginationskraft der Zuhörer. In den Texten verwenden wir deswegen neutrale Formulierungen und verzichten auf einordnende oder wertende Adjektive oder detaillierte Beschreibungen.

Was wir erreichten möchten

Jeder Mensch hat schöne Erlebnisse erfahren dürfen, selbst wenn er unter traumatisierenden Bedingungen aufgewachsen ist. An diese Erinnerungen möchten wir anknüpfen und die positiven Erfahrungen als Quelle der Kraft reaktivieren und nutzen.

Basis ist der systemische Ansatz. Systemisches Arbeiten bedeutet unweigerlich ressourcenorientiertes Vorgehen. Konkret auf unsere Geschichten bezogen bedeutet das, dass wir mit ihnen an Stärken und Begabungen anknüpfen und versuchen, Potentiale zu reaktivieren.

Als vor Jahren eine erste Teilnehmerin einer meiner

Gruppen stolz erzählte, dass sie am Abend alleine Autogenes Training mit meinen Geschichten mache, war das ein großer Moment für mich. Von da an war ich mir sicher, dass diese Techniken, diese Übungen, großes Potential haben. Die weiteren Erfahrungen in den Jahren danach haben das bestätigt. Ich möchte diese Erfahrungen wie auch meine Geschichten nun in Ihre Hände legen, damit auch Sie und die von Ihnen betreuten Menschen davon profitieren können.

Weitere Vorbemerkungen

Im Text verwenden wir durchgängig die männliche Form, um den Lesefluss zu erleichtern. Gemeint sind selbstverständlich immer beide Geschlechter.

Die Entspannungsgeschichten in diesem Buch gehen im Kern auf die Erkenntnisse von J.H. Schultz zurück, dem Begründer des Autogenen Trainings. Es gibt Berichte, wonach er sich während der Zeit des Nationalsozialismus für Euthanasie bei Menschen mit Behinderung aussprach und an der Verfolgung homosexueller Männer beteiligt war. Von diesem Verhalten distanzieren wir uns mit aller Deutlichkeit. Dass seine Erkenntnisse im Bereich Autogenes Training fundamental sind, ist – bei allem mutmaßlichen Fehlverhalten – dennoch unzweifelhaft.

Wir wünschen Ihnen viel Erfolg und viele friedliche und entspannte Momente. Über Rückmeldungen, Kritik und Anregungen zu diesem Buch freuen wir uns.

Ottobrunn im August 2015

Tina Marein Ossege
und Doris Hammerschmidt

Für Menschen mit geistiger Beeinträchtigung: Anleitung für die Entspannungspraxis in einfacher Sprache

Jeder Mensch muss sich ausruhen

Wir Menschen müssen uns entspannen, am besten mehrmals täglich. Sonst kommen wir aus dem Gleichgewicht und sind unzufrieden. Das haben verschiedene Forscher bestätigt. Auch Sie sollen sich dieses Gleichgewicht erhalten. Deswegen bieten wir Ihnen Entspannungskurse an. Und zwar als Fantasiereisen mit Autogenem Training.

Autogenes Training ist eine besondere Übung, mit der Sie sich entspannen können. Forscher haben herausgefunden, dass das am besten mit bestimmten Sätzen und Geschichten gelingt.

Unser Alltag ist manchmal nicht einfach

Wir alle kennen das: Das Wetter ist schlecht. Die Arbeitskollegen und Chefs sind angespannt. Und die Mitbewohner in der Gruppe haben schlechte Laune. Das Leben ist manchmal gemein. Da ist es nicht leicht, entspannt zu sein. An solchen Tagen brauchen wir einen Ausgleich. Entspannende und friedliche Momente, die uns Kraft geben.

Auch an guten Tagen sollten wir entspannen. Denn das wirkt wie ein Speicher, wie eine Vorratskammer für gute Gefühle. Eine Schatzkiste, aus der wir etwas rausnehmen können, wenn wir es brauchen.

Unsere Geschichten sollen Ihre Vorratskammer füllen. Sie handeln von schönen Erfahrungen und Erlebnissen im Alltag. Vielleicht haben Sie auch schon einmal etwas Ähnliches erlebt. Die Geschichten holen diese Erinnerungen hervor und verwahren sie in der Vorratskammer.

Ein Beispiel: Wir kennen alle das Gefühl, verliebt zu sein. Oder die Freude über die ersten Frühlingstage. Natürlich sind wir nicht dauernd verliebt. Und es ist auch nicht immer Frühling. Aber: wir können uns den Frühling vorstellen, mit unseren Gedanken. Wir können uns die Freude über die erste Wärme und die ersten grünen Knospen vorstellen, auch im Winter.

Unsere Geschichten erinnern Sie an diese Gefühle. Sie sind wie ein Schlüssel. Ein Schlüssel, der die Tür zu Ihrer Schatzkiste mit schönen Gefühlen öffnet.

Wie können wir uns entspannen?

Wir möchten Sie einladen, unsere Geschichten zu lesen oder anzuhören. Lassen Sie Ihre Gedanken dabei in Ruhe ihren eigenen Weg gehen. Vielleicht kennen einige von Ihnen das Lied „Die Gedanken sind frei"?

So soll es sein. Wir möchten Ihnen helfen zu entspannen. Das funktioniert so:

Wir fangen mit einer Geschichte an, die vielen Menschen bekannt vorkommt. Schöne Erlebnisse, die Sie als

Kind in der Familie hatten – oder mit anderen lieben Menschen. Friedliche Momente, die Sie in der Natur oder an Ihrem Geburtstag erlebt haben.

Lesen Sie oder hören Sie eine Geschichte, die Ihnen gefällt. Wenn Sie sich schwach oder traurig fühlen. Oder wenn es Ihnen gut geht.

Wir wünschen uns, dass unsere Geschichten Sie stark machen. Sie sollen Ihr Selbstvertrauen stärken. Dann geht es Ihnen gut. Sie sollen sich wohl fühlen – immer ein bisschen mehr.

Sind sie neugierig geworden? Dann schlagen Sie gleich eine Geschichte im Buch auf. Oder legen Sie die CD in den CD-Spieler und suchen Sie sich eine Geschichte zum Hören aus.

Eine Bemerkung noch: In den Geschichten und auf der CD duzen wir Dich. Das machen wir, weil wir sehr persönliche Geschichten geschrieben haben. Und das würde merkwürdig klingen, wenn wir Dich mit „Sie“ ansprechen. Wir hoffen, das ist in Ordnung.

Für Fachkräfte: Anleitung für die Entspannungspraxis mit Menschen mit geistiger Beeinträchtigung

Warum Entspannung wichtig und machbar ist

Spannungen, Stressoren, innerfamiliäre Konflikte oder Belastung am Arbeitsplatz, Menschen mit geistiger Beeinträchtigung geht es wie uns allen: Das Leben ist manchmal ungemein anstrengend. An dieser Stelle soll dieses Buch ansetzen, als nachhaltiges Instrument zum Abbau von Spannungen auf beiden Seiten. Mehr Entspannung bei den betreuten Menschen führt zu weniger belastenden Situationen, was wiederum die Arbeit der sozialpädagogischen Teams, z. B. in Einrichtungen der Behindertenhilfe erleichtert.

Die Entspannungseinheiten sind mit mehreren Personen gleichzeitig durchführbar, auch die Hör-CD kann in der Gruppe, aber auch einzeln gehört werden. Eine maximale Gruppengröße von acht Personen ist empfehlenswert.

Was sind eigentlich Fantasiereisen?

Fantasie- und Traumreisen sind imaginative Verfahren, ein Ausflug mit den eigenen Gedanken. Es gibt offene und gelenkte Fantasiereisen. Offene Fantasiereisen lassen viel

Spielraum für eigene Imaginationen und die Fantasie der Zuhörer. Gelenkte Fantasiereisen dagegen geben einen etwas engeren Rahmen vor. Hier werden durchaus konkrete Situationen beschrieben, um keinen allzu großen Anspruch an die Imaginationskraft der Zuhörer zu stellen. Gelenkte Fantasiereisen sind für Menschen mit geistiger Beeinträchtigung sinnvoller, weil diese in der Regel eines intensiveren Schutzes bedürfen. So wie ein Bergführer seine Gruppe nicht ohne geeignete Kleidung oder Proviant in die Berge schickt, so sollten Sie die Teilnehmer Ihrer Fantasiereisen zunächst nicht unbegleitet lassen. Erfahrungsgemäß sind sie nach einer gewissen Zeit ohnehin mehr und mehr autonom und können die Übungen selbständig durchführen, zum Beispiel am Abend zuhause.

Entspannung durch Fantasiereisen zu erreichen, ist ein ressourcenorientiertes Vorgehen, das sich aus der systemischen Therapie ableiten lässt. Gutes, bereits Vorhandenes, wird in Gedanken visualisiert und bildet eine Brücke, über die wir in eine entspannte Gedankenwelt gehen.

Fantasiereisen bedienen sich der Elemente des Autogenen Trainings, also der Ruhe-, Schwere- und Wärmeformeln, weil sie das gewünschte Ergebnis vertiefen. Deswegen gibt es auch hier Formulierungen wie

- „Du bist jetzt ganz ruhig und entspannt. Dein Atem ist ruhig und gleichmäßig." (Ruheformel),
- „Dein Körper ist jetzt ganz schwer, angenehm schwer. Du spürst, wie deine Arme immer schwerer werden." (Schwereformel) oder
- „Du spürst, dass eine angenehme Wärme durch deinen ganzen Körper strömt." (Wärmeformel).

Gerne lassen wir „Sorgen wie eine Wolke" fortziehen.

Ferner ist auch C. G. Jungs Theorie des kollektiven Unbewussten und der Archetypen für Fantasiereisen relevant. C. G. Jung postulierte, dass Imaginationen Menschen helfen, ganz zu werden. Nämlich dann, wenn das Unbewusste ins Bewusste integriert wird. Diese Ganzwerdung, auch Individuation genannt, vollzieht sich in einem inneren Dialog, den der Mensch zwischen seinem Verstand und seinen Wünschen führt (Jung 1995).

Zwar lösen Entspannungsgeschichten keine grundsätzlichen Probleme, sie helfen aber, „Dampf aus dem Kessel" zu nehmen. Alles fühlt sich ein bisschen leichter an, die Teilnehmer nehmen Streitigkeiten mit dem Mitbewohner nicht mehr ganz so ernst und akute Probleme scheinen weniger dramatisch.

Warum eignen sich Fantasiegeschichten für Menschen mit geistiger Beeinträchtigung?

Je nach Wohnform gibt es für Menschen mit geistiger Behinderung mehr oder weniger Rückzugsmöglichkeiten ins Private. Die meisten dieser Menschen verfügen oft nur über ein marginales Selbstreflexions- und Erinnerungsvermögen. Sie fallen oft trotz intensiver Einzel- oder Gruppenarbeit in alte, unerwünschte Verhaltensmuster zurück.

Andererseits kann mangelndes Erinnerungsvermögen in diesem Kontext auch als Ressource verstanden werden: Die meisten Menschen können ungemein schnell umschalten. Sie können sich binnen weniger Minuten in schöne, positive Erinnerungen einfühlen, in Situationen, die mit Frieden und Entspannung assoziiert werden.

Es ist oft erstaunlich zu beobachten, wie angespannt und

aufgeregt jemand die Gruppe betritt und wie schnell sich diese Anspannung durch Autogenes Training oder Fantasiegeschichten relativieren kann. Eine Eigenschaft, die uns eigentlich nur bei Kindern begegnet. Die Menschen in unseren Gruppen verhalten sich anschließend zwar nicht grundlegend anders, können aber mit negativen belegten Gegebenheiten besser umgehen und ihre Mitmenschen und deren Eigenarten besser „stehen lassen".

Die meisten Menschen mit einer geistigen Beeinträchtigung lieben Rituale. Der Jubeltag, der Geburtstag ist ein wichtiges Ereignis, ähnlich wie bei Kindern. Auch Jahreszeiten und Feiertage sind Anlass für positive Erinnerungen. Sie unterstützen außerdem bei der Orientierung und geben damit zusätzlichen Halt. Einen Großteil dieser wichtigen Jahresereignisse haben wir in den Geschichten in diesem Buch verarbeitet, ebenso Stimmungen bei bestimmten Wetterverhältnissen oder gute Beziehungen zur Natur: Bäume sind für viele Menschen wichtig, sie verkörpern Geborgenheit, Erdung und Kraft.

Resilienz versus Vulnerabilität

Als Resilienz wird die Fähigkeit bezeichnet, sein inneres Gleichgewicht wiederzufinden und auch langfristig zu erhalten – quasi das „Immunsystem der Seele". Das Wort Resilienz stammt aus dem Lateinischen und bedeutet Spannkraft, Widerstandsfähigkeit, Elastizität. „Die Resilienzforschung ist ressourcen- und nicht defizitorientiert ausgerichtet. Sie geht davon aus, dass Menschen aktive Bewältiger und Mitgestalter ihres Lebens sind und durch soziale Unterstützung und Hilfestellungen die Chance haben, mit den gegebenen Situationen erfolgreich umzugehen und ihnen nicht nur hilflos ausgeliefert zu sein.“ (Fröhlich-Gildhoff/Rönnau-Böse 2014, 12)

Es wird derzeit viel über Resilienz gesprochen und geschrieben (z. B. Berndt 2013, Haas 2015, Hockling 2015). Ein Zusammenhang zwischen Zufriedenheit und Resilienz ist klar belegt. Auch das „Immunsystem der Seele“ kann gestärkt werden, ähnlich wie das Immunsystem des Körpers. Aber wie nutzen wir diese Erkenntnis in der sozialpädagogischen Arbeit mit anders begabten Menschen, die kognitiv oft stark eingeschränkt sind?

Eine der bedeutendsten Aufgaben in der Arbeit mit Menschen mit geistiger Beeinträchtigung ist, den Menschen beim Abschalten und Entspannen zu helfen. Ihre innere Balance soll unterstützt und gefördert werden. Wie viele Menschen haben auch Menschen mit geistiger Beeinträchtigung solche Techniken selten erlernt. Statt zu geistiger Nahrung greifen sie in stressigen Situationen zu echter Nahrung. Es ist unsere Aufgabe als professionelle Helfer, anders begabte Menschen anzuleiten, sich zu erden, sich eine positive Grundhaltung anzueignen, um das psychische Gleichgewicht zu erhalten bzw. wieder herzustellen.

Entspannungseffekte helfen hier insofern, dass sie die ursprünglichen Stressoren relativieren. Alles wegzuzaubern gelingt natürlich selten, oft bleibt die ungute Situation grundsätzlich erhalten oder der Mensch, den man nicht mag, ist auch nicht sofort verschwunden. Aber: Die Grundanspannung können wir reduzieren, jedes kleine Mehr an Entspannung ist ein kleines Mehr an Gelassenheit für die nächste belastende Situation.

Fantasiegeschichten und kleinere Entspannungseinheiten können somit gut für die Resilienzförderung und die Förderung der inneren Ausgeglichenheit genutzt werden. Sie gehören nach einiger Zeit zum Alltag der Menschen mit geistiger Beeinträchtigung. Diese lernen über Fantasiegeschichten, dass sie ihre Zufriedenheit und ihr Wohlbefinden selbst maßgeblich beeinflussen können. Da sich Menschen mit einer geistigen Beeinträchtigung in der Regel viel in institutionalisierten Kontexten bewegen, ist diese Art der Entspannung ein wunderschöner Schritt in Richtung Autonomie: Ich kann bestimmen, wann ich „chille" und es mir gutgehen lasse. Meine Gedanken sind frei!

Warum reichen bereits publizierte Fantasiegeschichten nicht aus?

Anders begabte Menschen mit leichterer Behinderung erreichen oft das kognitive Niveau von jungen Jugendlichen, sie verfügen jedoch über völlig andere Erfahrungswerte, die wiederum eher denen anderer erwachsener Menschen gleichen. Für Menschen mit einer geistigen Beeinträchtigung sind Fantasiegeschichten aus dem Kinder- und Jugendbereich daher häufig nicht gut geeignet und stellen entweder eine Unter- oder eine Überforderung dar. Für diese spezielle Lebenssituation gab es bisher schlicht keine geeigneten Geschichten.

Dieser Arbeitsbereich lebt viel von Improvisation. Angebote müssen immer wieder speziell auf die individuelle Situation der Menschen mit geistiger Behinderung zugeschnitten werden. Dennoch ist es paradox, das Erwachsensein der Menschen in diesem Kontext zu ignorieren. Auch Menschen mit geistiger Beeinträchtigung wollen bei Entspannungsangeboten logischerweise ihren speziellen Erfahrungs- und Alltagshintergrund berücksichtigt wissen, so dass wir im ersten Schritt Geschichten aus dem Kinder- und Jugend-, aber auch Erwachsenenbereich umzuschreiben begannen. Später wurde aber immer deutlicher, dass auch das keine optimale Umsetzung war, es schien nicht harmonisch zu sein.

Die Geschichten müssen die Menschen möglichst genau in ihrer Lebenswirklichkeit abholen und gleichzeitig auf ihre kognitiven Fähigkeiten abgestimmt sein. Das möchten die Geschichten in diesem Buch leisten.

Ambiente und Setting

In der Arbeit mit Menschen mit geistiger Beeinträchtigung kann zwischen kurzen Entspannungssequenzen und geplanten, längeren Einheiten für Gruppen unterschieden werden. Kurze Entspannungseinheiten sind gekennzeichnet durch geringeren Zeitaufwand. Sie können spontan und in der Regel im Sitzen, zum Beispiel nach einer gemeinsamen Mahlzeit, stattfinden. Geplante Entspannungseinheiten dagegen haben eher den Charakter einer intensiver vorbereiteten Übung, meist in einem ruhigen, abgelegenen Raum mit der Möglichkeit, sich hinzulegen. Die Geschichten in diesem Buch eignen sich für beide Varianten.

Kurze Entspannungseinheiten: Selbst hierfür ist es wichtig, Räume zu nutzen, die warm sind und nach Möglichkeit nicht als Durchgangszimmer fungieren. Es sollte auch niemand den Raum betreten müssen, es sollten keine Telefone klingeln oder andere laute Nebengeräusche vorhanden sein. Leider entwickeln sich die Dinge in der Gruppe oft anders. Da aber dennoch niemand auf die kurzen Entspannungseinheiten verzichten möchte, ist es sinnvoll, die Teilnehmer in eine nicht allzu tiefe Entspannung zu führen. Dies steuern Sie am besten, indem Sie in Ihren einleitenden Worten von „einer kleinen Auszeit“ sprechen, die Einleitungsformeln weglassen und die Teilnehmer lediglich bitten, die Augen zu schließen und sich zu entspannen. Versuchen Sie, Ihren Teilnehmern so viel Schutz wie möglich zu bieten und sie so gut wie möglich von Störungen abzuschirmen. Es ist aber gerade in diesem Bereich nicht immer möglich, das alles zu gewährleisten.

Wenn es im Alltag mal zu turbulent zugeht, kann es durchaus den Zweck erfüllen, sich gemütlich irgendwo hinzusetzen, vielleicht mit einer Kerze, und die Geschichten vorzulesen. Im Sommer bietet es sich an, in die Natur zu gehen und sich auf eine Wiese oder auf eine Bank zu setzen.

Geplante Entspannungseinheiten: Diese sollten in Räumen stattfinden, die außerhalb jeglichen Trubels liegen. Da die Teilnehmer erfahrungsgemäß gerne liegen, lohnt es sich, bequeme Matten, Kissen und Decken anzubieten. Decken sind ein Muss, da der Körper im Ruhezustand schneller friert.

Unruhe in der Gruppe: Nebengeräusche gibt es eigentlich immer. Menschen husten oder niesen zwischendurch, Bäuche gluckern und unmotiviertes Schreien oder Juchzen gehören in unserem Berufskontext sowieso dazu.

Was in der gesamten Gruppe tatsächlich auf Unmut stößt, sind Teilnehmer, die bewusst zu stören versuchen. Meistens bedarf es hier aber keiner weiteren Anmerkung der Fachkraft, da das Feedback in der Regel direkt aus der Gruppe kommt und seine Wirkung nicht verfehlt. In den vergangenen zwölf Jahren meiner Tätigkeit musste ich äußerst selten jemanden aus der Gruppe an unsere verabredeten Regeln erinnern. Im Gegenteil, die meisten wussten und wissen diesen kleinen Ausflug aus dem Alltag sehr zu schätzen.

Welche Haltung empfehlen wir unseren Zuhörern? Sitzen oder Liegen ist empfehlenswert, mit geöffneten oder geschlossenen Augen. Es empfiehlt sich, Haltungen anzubieten, jedoch nicht vorzuschreiben, weil jeder Mensch am besten weiß, in welcher Haltung er gut entspannen kann. Interessant ist, dass unsere Kursteilnehmer mit Trisomie 21 gern in der Embryonalhaltung liegen. Das ist von der klassischen Haltung beim Autogenen Training sicherlich weit entfernt, für die Teilnehmer aber angenehm und passend.

Was tun, wenn es jemandem nicht gut geht? Nicht wenige Menschen mit einer geistigen Beeinträchtigung leiden unter massiven orthopädischen Problemen, die sich auch in der Entspannungssituation bemerkbar machen können. Manchmal hilft es schon, die Sitz- oder Liegehaltung leicht zu ändern. Sollte ein Teilnehmer zu große Schmerzen haben, sollten Sie die Entspannung kurz unterbrechen und mit dem Betreffenden kurz besprechen, was für ihn am sinnvollsten ist. Es lohnt sich, die Situation auch der Gruppe in aller Kürze zu vermitteln, damit sie anschließend ihre Entspannung fortsetzen kann.

Grundsätzlich raten wir allen, die mit diesen Entspannungsgeschichten arbeiten möchten, zu einer gewissen Fehlerfreundlichkeit und Toleranz. Störungen können nicht immer vermieden und abgewendet werden. In einer perfekten Welt muss der Nebenmann natürlich nicht aufstoßen während einer Entspannungsübung. Solche und ähnliche Zwischengeräusche passieren aber nun mal und sollten mit Humor und Gelassenheit kommentiert und integriert werden.

Als Einleitung bieten sich Elemente des Autogenen Trainings an wie „Du bist jetzt ganz ruhig und entspannt“. Oder Sie lassen die Teilnehmer kurz in Ruhe für sich reflektieren: Wie bist Du heute Morgen hier angekommen? Bist du gut aus dem Bett gekommen, wie war deine Nacht? Hast Du Dich heute schon über etwas geärgert? Wenn ja, schaue Dir die ungute Situation vor Deinem geistigen Auge kurz an und lasse sie „mit einer Wolke fortziehen“. Wichtig ist es, die Teilnehmer soweit möglich in einen grundsätzlichen Zustand der Ruhe und Entspannung zu führen. Erst dann folgt die eigentliche Geschichte.

Ob kurze oder geplante Entspannungseinheit: eine Rücknahme, also ein angeleitetes Ende der Entspannungsphase und eine Rückkehr in den „Normalzustand“, ist unerlässlich. Den Text für die Rücknahme können Sie je nach Umgebung und Entspannungsintensität variieren. Bei geplanten Entspannungseinheiten passiert es immer mal, dass der ein oder andere Teilnehmer einschläft und geweckt werden muss. Eine Möglichkeit ist es dann, mit lauterer Stimme in etwa einen Text zu sprechen wie: „Wir werden langsam wieder wach. Ihr könnt die Hände zu Fäusten ballen. Ihr dürft laut gähnen. Reckt Euch und streckt Euch.“ Wer dann immer noch schläft, den wecken Sie z. B. durch vorsichtiges Berühren an Arm oder Schulter.

Schön finden wir auch, die Teilnehmer mit dieser Abschlussformel zu entlassen: „Du bist jetzt frisch und klar. Du gehst voller Kraft und Stärke in den weiteren Tag.“ Gern arbeiten wir auch mit allgemeinen Affirmationen wie „Das Leben ist schön!“.

Noch eine Anmerkung zum Thema „Einschlafen während der Entspannungsübungen“: Wir halten es für unangebracht, jemanden krampfhaft wachzuhalten, wir vertrauen darauf, dass das Unterbewusstsein weiter arbeitet. Unserer Erfahrung nach kehren auch die Schlafenden ausgeruht und wach von ihren Traumreisen zurück.

Mögliche Einleitungsformeln

- Ich lade Dich ein, jetzt einfach ein wenig zu entspannen.
- Du bist ganz ruhig und entspannt. Dein Atem ist ruhig und gleichmäßig. Eine angenehme Ruhe umgibt Dich, Deinen Körper und Deinen Geist.
- Wir werden uns jetzt gemeinsam entspannen. Gedanken, die noch stören, lassen wir mit einer Wolke fortziehen.

Für unerfahrene Teilnehmer bzw. in der ersten Entspannungseinheit empfiehlt sich folgende Formel:

- Wenn Du unangenehme Gefühle während einer Geschichte hast, öffne einfach Deine Augen. Du darfst jederzeit selbst entscheiden, wie tief Du Dich fallen lässt.

Mögliche Rücknahmeformeln

- Du fühlst Dich gut. Du fühlst Dich wieder frisch und stark für den Tag.
- Ich bitte Euch, langsam wieder mit Euren Gedanken in diesen Raum zurückzukehren. Du bist wieder vollkommen wach und gut erholt.
- Du spürst eine tiefe Erholung in Dir. Körper und Geist sind vollkommen erholt.

Nicht wenige Menschen mit geistiger Behinderung leiden an einer sogenannten Doppeldiagnose: zu ihrer geistigen Beeinträchtigung wurde noch eine psychische Erkrankung diagnostiziert. In diesem Fall sollten wir näher hinschauen. Ein klares Ausschlusskriterium sind deswegen akute psychotische Zustände. Auch Zwangsstörungen und schwere Depressionen sind kontraindiziert. Darüber hinaus sollten Sie darauf achten, ob Teilnehmer zu sehr verkrampfen, zittern oder stark schwitzen.

Im Zweifelsfall: brechen Sie die Übung ab und erklären Sie den Teilnehmern kurz, dass es jemandem gerade nicht so gut geht. Diese Erklärung ist völlig ausreichend, da bei Entspannungseinheiten die Konnotation auf rein positiven Inhalten liegt und die Gruppe nicht unnötig verunsichert werden sollte. Alles andere kann im Einzelgespräch mit der betroffenen Person geklärt werden.

Hinsichtlich der Kontraindikation bei Zwangserkrankung möchte ich anmerken, dass überdurchschnittlich viele Personen mit einer Trisomie 21 an einer Zwangserkrankung leiden. Ich arbeite sehr intensiv mit diesem Personenkreis und konnte bisher weder feststellen, dass in Entspannungseinheiten Zwänge durchgeführt werden mussten, noch, dass sonst irgendeine psychische Beeinträchtigung vorlag, die die Diagnose Zwangserkrankung als Kontraindikation darstellte.

Zu schweren Depressionen: In diesem Fall betrachte ich eher ein potentielles psychotisches Erleben als Kontraindikation, nicht jedoch die schwere Depression an sich. Die von mir betreuten Menschen wissen in der Regel gut, ob ihnen die Entspannungseinheit gut tut. Im Zweifelsfall folge ich meiner Intuition und verzichte auf das Angebot. Ggf. ist mit dem betreuenden Arzt oder Psychologen Rücksprache zu halten.

Feedback der Teilnehmer

Die Rückmeldungen der Teilnehmer sind immens wichtig. Sie erzählen, was ihnen gut gefallen hat und welche Themen sie sich in Zukunft wünschen. Besonders beliebt sind persönliche Wunschgeschichten, die sich jeder zu seinem Geburtstag wünschen darf. Natürlich sagen die Teilnehmer auch, wenn etwas für sie nicht gepasst hat. Hin und wieder versuchen die „Vielredner“, das Zepter in die Hand zu nehmen. Ihre zahlreichen Assoziationen sind dann weder für die anderen Gruppenmitglieder noch für den Redner selbst hilfreich. Deswegen ist es sinnvoll, sie höflich aber bestimmt zu unterbrechen.

- Fantasiegeschichten schaffen Distanz zum Alltag.
- Gelenkte Fantasiereisen eignen sich besser für Menschen mit geistiger Behinderung.
- Sie verbessern nachhaltig die Stimmung bei den Betreuten und damit auch im Team.
- Die Geschichten müssen die Lebenswirklichkeit der Menschen mit geistiger Beeinträchtigung abbilden, damit Identifikation stattfinden kann.
- Die Menschen nehmen die Geschichten gut an, sie können außerordentlich gut umschalten.
- Entspannung durch Fantasiereisen fördert Resilienz.
- Toleranz und Fehlerfreundlichkeit sind wichtig – nicht jede Übung läuft störungsfrei ab.
- Rücknahme nicht vergessen!

Durch die Jahreszeiten

Der Vorfrühling

Du bist ganz ruhig und entspannt.

Es ist immer noch Winter.
Dieser Winter kommt Dir ganz besonders lang vor. Er war sehr kalt, aber jetzt wird es langsam etwas wärmer.

Der Schnee schmilzt und die Sonne hat ein paar erste Frühlingsblumen hervorgelockt.
Du kannst Schneeglöckchen und auch schon ein paar Krokusse entdecken.

Im Blumenladen werden Frühlingszweige angeboten.
Da hast Du eine Idee: Wie wäre es, die Zweige in die Vase zu stellen und mit Papierschmetterlingen zu schmücken?
Du stellst Dir vor, was Du im März alles machen möchtest.
Du möchtest gern das Frühbeet bepflanzen.

Du genießt diese Zeit ganz intensiv, alles beginnt zu wachsen und zu blühen. Es ist jedes Jahr so. Es kommt immer wieder. Das findest Du schön.

Auf einmal kannst Du der Natur fast beim Wachsen zusehen.

Du möchtest raus in die freie Natur. Noch dick eingekuschelt sitzt Du auf einer Bank und lässt Dir die Sonne auf die Haut scheinen.

Obwohl Du noch ein bisschen müde von dem langen Winter bist, spürst Du, dass es Dir genauso geht wie den Blumen und Pflanzen. Auch Du wirst wieder munter und möchtest raus an die Luft!

Dein Leben ist schön!

Du spürst, dass der beginnende Frühling Deine Lebensgeister geweckt hat. Voller Tatendrang kehrst Du in diesen Raum zurück.

Der immer wiederkehrende Rhythmus der Jahreszeiten spielt für Menschen mit geistiger Beeinträchtigung eine große Rolle. Sie erkennen diese Jahreszeiten, prognostizieren, was als nächstes passiert und welches Fest im Frühjahr auf uns wartet. Die Jahreszeiten dienen nicht nur der Orientierung, sondern geben Sicherheit in ihrem Leben. Auch wenn der Winter hart, kalt und ungemütlich war, bald erwacht die Natur wieder – und auch die Menschen.

Mögliche Fragen

- Was ist Dir im Frühling besonders wichtig?
- Habt Ihr Lust, den Frühling zu begrüßen?
- Wenn ja, auf welche Art und Weise?

Mögliche Aktionen

Eine gemeinsame Aktion könnte sein, den Markt zu besuchen und Zweige und frische Kräuter zu besorgen.

Eine weitere Möglichkeit wäre es, gemeinsam in der Gruppe Frühlingszweige zu dekorieren und passendes

Zubehör zu basteln. In jeder Gärtnerei, in jedem Blumengeschäft gibt es im Frühjahr Zweige. Stecken Sie diese in eine große Vase und schmücken Sie sie mit Papierschmetterlingen. Für die Schmetterlinge lohnt es sich, verschiedene Schablonen aus dickerem Karton vorzubereiten. Mit ihnen zeichnet man die Umrisse auf weißem Karton vor und schneidet sie aus. Die Schmetterlinge können dann je nach Fantasie bunt bemalt und auf die Zweige gesetzt werden.

Materialvorschläge

- Frühlingszweige
- Schmetterlingsschablonen
- bunte Stifte
- weißer Karton und/oder buntes Tonpapier
- Schere

Kulinarisches Angebot

In dieser Zeit lässt sich wunderbar für alle ein frischer Frühlingsquark zubereiten oder andere Gerichte mit frischen Kräutern wie etwa „Grie Soß" aus Frankfurt.

Frühlingsquark (überliefertes Familienrezept für ca. acht Personen)

- 5 Schalotten klein gewürfelt
- 1 Becher Sahne (250ml)
- 1kg Quark
- Kräuter nach Wahl
- alles vermengen und mit Salz und Pfeffer abschmecken

Dazu schmecken Pellkartoffeln.

In der Backstube

Du bist ganz ruhig und entspannt.
Du bist ganz ruhig und entspannt.

Stell Dir vor, Du sitzt in der Küche bei Deiner Mutter oder bei einem anderen lieben Menschen.
Du bist noch ein Kind.

Du freust Dich sehr auf das bevorstehende Osterfest.
Denn dann backt deine Familie wie jedes Jahr Osterbrot.

Nachdem du alle Zutaten vorbereitet hast, geht es auch schon los.
Den Teig zu kneten, genießt Du besonders.
Es ist herrlich, den Teig zwischen Deinen Fingern zu spüren.
Überhaupt ist die Zeit vor Ostern eine wunderschöne Zeit.
Du liebst es, wenn die Natur erwacht und alle fleißig schöne Sachen für das Osterfest vorbereiten.

Deine Mutter hat inzwischen die Brote in den Ofen geschoben. Mmmh, wie das duftet! Der frische Duft von Hefe strömt durch Eure Küche.

Ein Geruch, den Du liebst. Immer wieder schön.

Du spürst eine wunderbare Ruhe und freust dich auf das Osterfest.

Du bist eins mit Dir und Deinem Leben.

Einfach zufrieden!

Kochen, Essen, Backen, Zubereiten – das alles spielt in der Arbeit mit Menschen mit geistiger Behinderung eine immens große Rolle. Es ist in der Wohngruppe immer ein Freudenfest, wenn Bewohner sich Gerichte aus ihrer Kindheit wünschen und gemeinsam in der Gruppe vorbereiten und schließlich genießen.

Besonders schön ist die Erinnerung an die Momente, in denen die Mutter (sie war es meistens) Brot backte oder Milchreis kochte. Diese Gefühle von Heimeligkeit – in solchen Momenten war die Welt besonders in Ordnung – sind Schätze aus unserer Vergangenheit. Sie sind Kraftspender, an die wir mit unserer Geschichte erinnern möchten. Außerdem ist es eine schöne Möglichkeit, die Eltern in einem korrigierenden Licht zu betrachten. Denn oft ist die Beziehung zu ihnen, wie bei vielen anderen Menschen auch, von Ambivalenz geprägt.

? Mögliche Fragen

- Kommt Dir diese Situation bekannt vor?
- Wenn ja, mit wem durftest Du sie erleben?
- Bedeutet sie für Dich eine Kraftquelle?
- Wer möchte ein Gericht oder etwas Selbstgebackenes aus seiner Kindheit vorstellen?

! Mögliche Aktion

Eine mögliche Aktivität wäre, gemeinsam ein Gericht aus der Kindheit vorzubereiten oder gemeinsam einen Kuchen zu backen – und im Anschluss gemeinsam zu genießen. Sicherlich wird bei dem gemeinsamen Essen die eine oder andere Erinnerung geweckt oder es entsteht der Wunsch, ein eigenes Kindheitsessen vorzustellen.

Ein Blumenmeer

Ich lade Dich ein, jetzt einfach ein wenig zu entspannen. Stell Dir vor, Du hast Urlaub und reist nach Holland.

Schon immer hast Du Dir gewünscht, die Tulpenpracht im Frühling zu sehen.
Allen davon zu erzählen, dass Du die vielen Tulpenfelder bestaunen konntest.
Freunde haben Dir immer wieder von diesem prachtvollen Frühlingsereignis erzählt.

Als es dann soweit ist, kannst Du es kaum fassen. So viele Blumen in den unterschiedlichsten Farben hast Du noch nie gesehen.
Du bist überwältigt.

Die Tulpen strahlen in Gelb, Rot, Orange, Lila und vielen weiteren Farben, die Du gar nicht beschreiben kannst.
Auch als Du wieder zu Hause bist, erinnerst Du Dich immer noch an diese Farben. Diesen Anblick hast Du mitgenommen.

Du hast mit einer Kamera Fotos gemacht. Und die hebst Du Dir für graue Regentage auf.
Ein besonders schönes Foto hast Du ausdrucken lassen. Jetzt hängt es über Deinem Bett und strahlt Dich an.

So holst Du Dir den Frühling ins Haus, egal zu welcher Jahreszeit.

Das ist es, was Du Dir wünschst.

Du spürst eine tiefe Erholung in Dir.
Körper und Geist sind vollkommen erholt.

Erinnerungen an schöne Erlebnisse sind etwas sehr Wohltuendes und Kraft spendendes. Menschen mit geistiger Behinderung lieben es, von früher zu erzählen und sie lieben es, Fotos zu betrachten.

Ziel ist es, zu erfahren, was den einzelnen Menschen Kraft spendet und für gute Gefühle sorgt. Darauf kann man in späteren Situationen aufbauen, in einem persönlichen Gespräch etwa.

? Mögliche Fragen

- Welche Erlebnisse haben in Deinem Leben eine besondere Bedeutung?
- Welche Erlebnisse möchtest Du gern als Foto haben?
- Möchte ich auch gern etwas in meinem Zimmer aufhängen?
- Wenn ja, welches Motiv soll es sein?

! Mögliche Aktion

Gestalten Sie gemeinsam Ihre eigenen Frühlingsbilder. Dazu brauchen Sie eine Leinwand, Strukturpaste und Schönes aus der Natur. Hier sind Ihren Betreuten keine

Grenzen gesetzt. Man kann Blumen und Kräuter arrangieren und zusätzlich z.B. mit Acrylfarben arbeiten.

Sie werden sehen, es kommen fantastische Bilder heraus, die das Umfeld der Menschen wesentlich verschönern können.

Materialvorschläge

- Leinwand
- Strukturpaste oder weiße, feste Farbe (preiswertere Variante bei größeren Arrangements)
- Acrylfarbe o.Ä.
- Materialien aus der Natur, z.B. getrocknete oder frische Blumen, Kräuter und Äste

Urlaubsgedanken

Du bist ganz ruhig und entspannt. Dein Atem ist ruhig und gleichmäßig.

Stell Dir vor, Du fährst ans Meer in den Urlaub.
Du hast endlich Zeit, Dich zu erholen und zu entspannen.
Das ist einfach großartig, wohltuend und Kraft spendend.
Es ist warm, aber auch immer windig.
Ein Wetter, wie Du es liebst.

Gerne läufst Du mit nackten Füßen über den Sand.
Es ist wie eine Massage für Deine Füße.
Du magst aber auch den Wald.
Der Wald liegt direkt am Meer und dort gehst Du gerne spazieren.

Auch hier kannst Du Dich wunderbar entspannen.
Du hörst das Rauschen des Meeres und zugleich das Knarzen der Kiefern.
Es riecht nach frischem Harz.

Du beobachtest den Wind zwischen den Ästen.
Vorsichtig läufst Du barfuß über die Kiefernnadeln.

Du weißt nicht, was Du schöner findest: das Meer oder den Wald am Meer.
Eigentlich ist es genau diese ungewöhnliche Verbindung aus beidem.

Es bedeutet für Dich Freiheit, Entspannung und einfach zu sich kommen.
Du bist ganz bei Dir, Du ruhst in Dir.
Du genießt die Ruhe und die Geräusche, die Dir die Natur bescheren.

Auch als Du wieder daheim bist, siehst Du Dich immer wieder auf dem Weg vom Meer in den Wald gehen.
Du kannst Dir diesen Ort immer wieder vorstellen.
Er tut Dir gut und Du weißt um diesen wunderbaren Platz auf dieser Welt.

Die Gedanken sind frei und wann immer Du möchtest, kehrst Du in Deinen Kiefernwald am Meer zurück.

Das tut gut. Das Leben ist schön.

Ich bitte Euch, langsam wieder mit Euren Gedanken in diesen Raum zurückzukehren. Du bist wieder vollkommen wach und gut erholt.

Viele Menschen lieben den Ausflug in die Vergangenheit und stellen sich Orte oder Begebenheiten vor, die einfach gut taten. Damit möchten wir arbeiten, mit unserer Vorstellungskraft. Ob Menschen sich in einem mediterranen Ambiente entspannen oder an anderen schönen Orten ist dabei irrelevant.

[?] Mögliche Fragen

- Kennst Du schöne Orte, an die Du immer wieder denken musst, weil sie einfach gut taten?
- Was berührt Dich an diesem Ort so?
- Hast Du ein Foto von diesem Ort?
- Wünschst Du Dir Bilder von Orten, die Dich entspannen?
- Welche Orte entspannen Dich in Deiner nahen Umgebung? (Der Hintergrund dieser Frage ist, dass das Gute oft recht nah liegt.)

[!] Mögliche Aktionen

Mein Erinnerungseck: Gerne reservieren sich die von uns begleiteten Menschen ein Regal oder einen Platz, an dem sie Bilder oder Gegenstände platzieren, die sie mit einem für sie wohltuenden Urlaub verbinden. So eine Ecke könnten auch alle gemeinsam herrichten, jeder steuert schöne Gegenstände bei, die schöne Erinnerungen hervorrufen.

Ein Gemälde aus Muscheln: Basteln Sie gemeinsam mit Muscheln oder anderen maritimen Gegenständen und arrangieren Sie daraus Bilder. Dazu benötigen Sie Strukturpaste und eine Leinwand.

Wir malen ein Waldbild: Für ein Waldbild werden verschiedene Naturmaterialien aus dem Wald benötigt. Diese können auf ein Bild oder eine Leinwand geklebt oder mit Strukturpaste befestigt werden. Selbstverständlich kann zusätzlich mit Farben gearbeitet werden. Der Fantasie sind keine Grenzen gesetzt.

Fotoaktion „Mein Lieblingsplatz“: Gemeinsames Fotografieren von schönen Orten und Plätzen ist eine kreative gemeinsame Aktion, bei der man sich gemeinsam auf den Weg macht und nebenher noch viel über den anderen erfahren kann. Abgeschlossen wird die Fotosession, indem die besten Fotos entwickelt oder ausgedruckt werden. Daraus kann eine Collage entstehen, sie können aber auch gerahmt werden und einen schönen Platz im eigenen Zimmer bekommen.

Materialvorschläge

- Leinwand
- Strukturpaste oder weiße, feste Farbe
- ggf. Acrylfarbe
- Muscheln oder Naturmaterialien aus dem Wald

Material für die Fotoaktion

- Fotoapparat
- Bilderrahmen

Ein Tag am See

Ich lade dich ein, jetzt einfach ein wenig zu entspannen. Du spürst, dass eine angenehme Wärme durch deinen ganzen Körper strömt.

Es ist Sommer und zwar so richtig.
Schon beim Aufwachen spürst Du die Wärme.

Voller Vorfreude auf den bevorstehenden Ausflug am See packst Du Deine Badesachen zusammen.
Du freust Dich auf Deine Freunde, die Du dort treffen wirst.
Wann Du auch zurückblickst, Du hast den Sommer immer sehr geliebt.
Das Hüpfen und Planschen im Wasser war für Dich schon immer das Größte.

Und so ist es auch heute noch: Am See angekommen, kannst Du es nicht mehr erwarten, Dich ins Wasser zu stürzen.
Und da ist sie wieder: diese absolute Leichtigkeit.
Nichts tut mehr weh, du hüpfst auf und ab und kannst gar nicht mehr aufhören, zu lachen.

Du steckst die anderen an mit Deiner Ausgelassenheit.
Ihr bespritzt Euch mit Wasser, lasst euch hineinfallen, um im nächsten Moment wieder aufzuspringen.
Wie früher als Kinder, einfach unbeschwert und frei!

Die Zeit scheint für einen Moment stehen zu bleiben. Du fühlst Dich einfach nur leicht, frei und vollkommen entspannt.
Wie ein Fisch im Wasser, Du bist wendig und lebendig.

Nach einer Weile lasst Ihr Euch auf die von der Sonne erwärmten Decken fallen. In Deinem Kopf dreht es sich sogar ein bisschen. Es ist aber nicht unangenehm.

Du bist vollkommen ruhig und entspannt.

Du fühlst Dich einfach nur wohl und träumst noch ein bisschen weiter.

Ich bitte Euch, langsam wieder mit Euren Gedanken in diesen Raum zurückzukehren. Du bist wieder vollkommen wach und gut erholt.

Viele Menschen mit geistiger Beeinträchtigung leiden unter muskulären Verspannungen und/oder manifesten orthopädischen Problemen.

Selbst in jungen Jahren tut ständig irgendetwas weh. Dazu kommen nicht selten eklatante Gewichtsprobleme. Die Bewegungen sind eher behäbig als leicht und unbeschwert. Diese physische Trägheit spiegelt sich oft auch im psychischen Erleben wider. Es ist alles ein bisschen schwer und kompliziert.

Selbstverständlich plädieren wir für den Realakt: raus ins Wasser oder Bewegen an der frischen Luft. Das stabilisiert das physische und psychische Gleichgewicht. Aber auch die Metaebene, das Vorstellen von Weite, Freiheit und Lebendigkeit ist wichtig, tut gut und erinnert an den grenzenlosen Spaß, den wir als Kinder hatten.

Auch bei Menschen, die nicht wirklich an solche Kindheitserlebnisse andocken können, könnte dieser „Sprung ins Wasser“ eine ähnliche Endorphinausschüttung verursachen wie bei Menschen, die diesen ausgelassenen Spaß real erleben durften.

Das Schöne ist, dass viele geistig beeinträchtigte Menschen trotz ausgeprägter körperlicher Schwierigkeiten viel Spaß im Wasser haben. Leider fehlt es oft an Personal, um dieses Vergnügen in die Tat umzusetzen. Manchmal kann aber auch ein Schaumbad kleine Wunder bewirken.

? Mögliche Fragen

- Hältst Du Dich gern im Wasser auf?
- Gehst Du gern zum Baden, z. B. in einen See oder vielleicht ins Meer?
- Wenn ja, magst Du von Deinen Erfahrungen berichten?

Abschied vom Sommer

Du bist ganz ruhig und entspannt. Dein Atem ist ruhig und gleichmäßig. Eine angenehme Ruhe umgibt Dich, Deinen Körper und Deinen Geist.

Stell Dir vor, du liegst auf einer Sommerwiese, auf einem Berg.
Es ist noch ganz früh und es ist schön frisch.
Du liegst trocken und warm auf einer Unterlage.
Du hast Dich nämlich in einen Schlafsack gekuschelt.

Von weitem hörst Du das Läuten der Kuhglocken.
Du fühlst den Sommer noch in Dir.
Du weißt aber, dass der Herbst naht.

Es ist Spätsommer oder auch Altweibersommer.
Du kannst überall Spinnweben sehen.
Es ist ein bisschen gespenstisch, vor allem am Morgen.

Die Luft ist frisch und würzig.
Du genießt die frische Luft. Sie tut Dir gut.

Du atmest ruhig ein und aus.
Dein Atem ist ruhig und gleichmäßig.
Du genießt die Stimmung dieses frühen Tages.
Du freust Dich auf den bevorstehenden Spätsommertag.

Es ist mal wieder eine Zeit des Übergangs.
Bald werden die Äpfel reif sein.

Du genießt jeden Augenblick und beobachtest die Veränderungen in der Natur ganz genau.

Manchmal regnet es schon viel. Manchmal glaubst Du, der Sommer wird nie enden.

Du kennst das schon. Es gibt Dir Sicherheit.
Du weißt, alles ist gut so wie es ist.
Du liebst diese Zeit von ganzem Herzen.

Sie gibt Dir viel Kraft.

Du spürst eine tiefe Entspannung in Dir.
Körper und Geist sind vollkommen erholt.

Wie eingangs beschrieben nutzen die von uns begleiteten Menschen die Jahreszeiten, insbesondere die Übergänge, zur Orientierung. Diese jahreszeitliche Struktur sorgt für Sicherheit. Die Bewohner wissen zum Beispiel genau, dass wir dann wieder Äpfel ernten und sie zu Apfelkuchen verarbeiten.

Mögliche Fragen

- Was magst Du besonders in der Zeit des Spätsommers?
- Jetzt kommt der Herbst, auf was freust Du Dich da schon?

Mögliche Aktionen

- gemeinsame Apfel- oder Pflaumenernte
- gemeinsames Backen eines Apfel- oder Pflaumenkuchens

Rezept für einen Apfelkuchen

- 300g Mehl (200g Mehl, 100g Mandelmehl)
- 150g Zucker
- 1 Päckchen Vanillezucker
- 1 Päckchen Vanillepudding (Pulver)
- 3 Eier
- 125g Quark
- 125g Butter
- 1 Päckchen Backpulver

Für den Belag:

- 1kg Äpfel
- 100g Rosinen
- etwas Zimt
- Mandelplättchen oder 200g Quittengelee nach Belieben

Zutaten zu einem Teig verrühren und auf ein gefettetes Backblech streichen. Für den Belag geschälte und entkernte Äpfel in dünne Spalten schneiden und zusammen mit den Rosinen auf dem Teig verteilen. Den Kuchen bei 180° C (Ober- und Unterhitze) ca. 50 Minuten auf der mittleren Schiene backen. Anschließend mit etwas Zimt bestreuen.

Erntedank

Wir werden uns jetzt gemeinsam entspannen. Gedanken, die noch stören, lassen wir mit einer Wolke fortziehen.

Du liebst den Spätsommer und den darauffolgenden Herbst.
Wie hast Du Dich gefreut, als die Äpfel und Pflaumen immer größer wurden.

Deine Gemeinde hat nun alle zu einem Fest eingeladen, um für die gute Ernte zu danken.
Alle tragen Gaben aus der Natur herbei: Getreide, Äpfel, Pflaumen, Nüsse oder Gemüsesorten.

Auf dem hübsch dekorierten Wagen auf Eurem Dorfplatz bewunderst Du die vielen Schätze.
Du hast einen leuchtend roten Kürbis beigesteuert, den Du im Garten Deiner Wohnstätte mit den anderen aus der Gruppe angebaut hast.

Dich überkommt eine tiefe Dankbarkeit für Dein Leben und die Menschen, die mit Dir gemeinsam Erntedank feiern.

Du weißt, dass diese Gaben aus der Natur später in ein Haus gebracht werden, in dem Menschen ohne festes Zuhause leben.

Darüber freust Du Dich, weil Du so anderen helfen kannst.

Du beobachtest, wie alle Teilnehmer des Erntedankfestes langsam zu einem langen, reich gedeckten Tisch gehen. Darauf steht auch ein selbstgemachter Apfelkuchen, den Du mit Deiner Gruppe für alle aus dem Dorf gebacken hast.

Du gehst zu den anderen Dorfbewohnern, um mit ihnen gemeinsam diesen wunderbaren Kuchen zu essen.

Diesen Tag wirst Du nie vergessen.

Du spürst eine tiefe Erholung in Dir.
Körper und Geist sind vollkommen entspannt.

In dieser Geschichte stehen zwei wichtige Aspekte im Vordergrund: Bei allem „Un"-Perfektionismus, den Menschen mit einer geistigen Beeinträchtigung aus vielerlei gesellschaftlicher Perspektive mitbringen – sie sind alle reich und wertvoll. Menschen mit geistiger Beeinträchtigung wissen das sehr gut und engagieren sich gern für andere Hilfsprojekte.

Die andere Facette ist, dass alle zusammen feiern, jeder etwas beisteuert und schließlich gemeinsam gegessen wird. Dieses Gemeinschaftsgefühl stärkt und sorgt für zukünftige positive Erinnerungen.

Wir schätzen diese unaufgeregte Art der Inklusion, wenn sie in die jahreszeitlichen Abläufe der Gemeinden etc. integriert wird. Jeder Einwohner nimmt an gemeinschaftlichen Feiern teil und nicht jede Gruppierung feiert ihr eigenes Erntedankfest.

? Mögliche Fragen

- Kennst Du das Erntedankfest?
- Was bedeutet es für Dich?
- Was haben wir im Spätsommer für Schätze in der Natur?
- Nimmst Du gern an Feiern in der Gemeinde teil?
- Habt Ihr Interesse, an der nächsten Erntedankfeier teilzunehmen?

Abgesehen davon, dass sie evtl. zu einem tatsächlichen Besuch auf der nächsten Erntedankfeier führt, kann diese Geschichte helfen, die Schätze aus der Natur bewusster wahrzunehmen.

Gedanken im Herbst

Du bist ganz ruhig und entspannt. Dein Atem ist ruhig und gleichmäßig. Eine angenehme Ruhe umgibt Dich.

Es kommt Dir vor, als hättest Du gerade erst Abschied vom Sommer genommen.
Und schon ist der Herbst da!

Aber nicht in seiner strahlenden und leuchtenden Form, sondern in Form von echtem Schmuddelwetter.
Es gießt in Strömen, als Du Dich von der Werkstatt verabschiedest.

Der Tag verlief eigentlich ohne besondere Höhen oder Tiefen, trotzdem spürst Du eine gewisse Unzufriedenheit.

In Deinem Zimmer kuschelst Du Dich in bequeme Klamotten und unter eine warme Decke.
In Deiner Hand hältst Du eine Tasse Tee.
Du spürst, wie sich Dein Körper immer mehr erwärmt und Deine Energie langsam zurückkehrt.
Der Sommer war schön. Aber ist es nicht herrlich, bei Regen im Bett zu liegen und einfach zu träumen?

Du spürst, dass Du immer tiefer und tiefer in Deine Gedanken versinkst, Du träumst.

Du hörst Deine Lieblingsmusik. Das entspannt Dich und Du sammelst neue Kräfte.

Eine tiefe Ruhe und Zufriedenheit durchströmt Dich.

Später begegnest Du Deinen anderen Mitbewohnern zum Abendessen.
Der Regen platscht weiter an die Fenster.
Du findest ihn eigentlich sehr schön.

Entspannt nehmt Ihr gemeinsam das Abendessen ein.
Heute war ein guter Tag.

Ich bitte Dich, langsam wieder mit Deinen Gedanken in diesen Raum zurückzukehren. Du bist wieder vollkommen wach und gut erholt.

Bewusst möchten wir in dieser Geschichte einen Tag darstellen, der weder von besonders schönen noch von besonders dramatischen Ereignissen gekennzeichnet ist. Das Licht und die Wärme des Sommers sind im Geist noch präsent, während das Wetter bereits deutlich auf eine lichtarme und unbeständige Zeit hinweist. Der Körper stellt sich langsam auf die kalte Jahreszeit ein, das Bedürfnis nach Zufriedenheit und Ruhe bleibt bestehen.

[?] Mögliche Fragen

- Was brauche ich, um mich gemütlich einzukuscheln?
- Welche Musik gefällt mir?

- Welche Rolle spielt für mich das Licht?
- Gibt es in meinem Zimmer ein warmes Licht?
- Was brauche ich, um abends nach einem Arbeitstag zu entspannen?
- Was kann ich tun, um nach der Arbeit zu entspannen?

Zu einem kuscheligen Ambiente empfehlen wir Tee mit Honig und eine Kerze. Schön ist es, wenn der dampfende Tee bereits auf dem Tisch steht. Das wirkt inspirierend und weckt die Vorfreude auf den guten, heißen Tee. Um Störungen zu vermeiden, wird er aber erst im Anschluss an die Entspannungseinheit gemeinsam genossen.

Novembertage

Eine angenehme Ruhe umgibt Dich. Du bist jetzt ganz ruhig und entspannt.

Leider musstest Du auch in diesem Jahr dem Sommer Lebewohl sagen.
Der Herbst war bisher einfach nur schön.
Langsam zeigt die Natur aber einen Vorgeschmack auf den bevorstehenden Winter.
Es wird am Abend schon ziemlich früh dunkel.
Und es friert in der Nacht.
Du hast Deine dicken Sachen hervorgeholt.

Morgens kuschelst Du Dich immer dick ein.
Daran musstest Du Dich erst mal gewöhnen.

Auch wenn der Winter nicht mehr lange auf sich warten lässt, beginnst Du, Dich trotzdem ein bisschen zu freuen.
Auf was Du Dich richtig freust, sind die angefrorenen Beeren und Hagebutten im Wald.
Die siehst Du immer auf Deinen Spaziergängen.
Das bedeutet für Dich Sommer und Winter zugleich.

Und Du freust Dich auf warmen Tee und das Einkuscheln in gemütliche Decken.

Du stellst Dich langsam darauf ein, dass Du nicht mehr so lange draußen in der Natur bleiben kannst. Aber das ist auch ok.

Irgendwie ist es auch schön, einfach mal sein Zuhause zu genießen.

Lasse Deinen Blick schweifen, was bedeutet für Dich diese Jahreszeit?

Nimm diese Gedanken mit und kehre nun in den Raum zurück.

Die Geschichte soll dazu einladen, es sich gemütlich zu machen und sich etwas Gutes zu tun. Und das ganz bewusst. Dazu geht es auch hier um den Übergang von einer Jahreszeit in die andere. Diese Zeiten nehmen Menschen mit geistiger Beeinträchtigung sehr intensiv wahr. Der Spätherbst ist wie bei den meisten Menschen mit einer leichten Abschiedsstimmung verbunden. Die Geschichte soll mit schönen und positiven Bildern im Kopf eine Brücke in den Winter bauen.

[?] Mögliche Fragen

- Wie geht es Dir damit, dass es bald Winter ist?
- Was magst Du an dieser Zeit gern?

Einfach mal Kind sein dürfen

Ich lade Dich ein, jetzt einfach ein wenig zu entspannen. Eine angenehme Ruhe umgibt Dich, Deinen Körper und Deinen Geist.

Stell Dir vor, es ist Winter.

Ihr seid mit lieben Freunden zu einem Schneespaziergang in den nahe gelegenen Wald aufgebrochen.
Die Sonne scheint und der Schnee glitzert.
Es ist zwar sehr kalt, aber trotzdem friert ihr nicht.

Ihr seid so ausgelassen wie schon lange nicht mehr.
Auf einmal fängst Du an, mit Schneebällen zu schmeißen.
Schnell lassen sich die anderen anstecken.
Ihr springt und purzelt wild durcheinander durch den Schnee und könnt gar nicht mehr aufhören zu lachen.
Wie die Kinder, genauso lustig und laut.

Später macht Ihr Euch wieder auf den Weg nach Hause.
Du ziehst Dir dicke Socken an und kuschelst Dich unter eine weiche Decke.
Jetzt steht eine dampfende Tasse Kakao vor Dir, die Dir ein Mitbewohner ans Sofa gebracht hat.

So lässt es sich leben.

Du lässt Dir Deinen Kakao schmecken und denkst nochmal an den lustigen Nachmittag zurück – mit einem Lächeln auf den Lippen.

Ich bitte Euch, langsam wieder mit Euren Gedanken in diesen Raum zurückzukehren. Du bist wieder vollkommen wach und hast Dich von der wilden Schneeballschlacht erholt. Du spürst eine angenehme Frische.

Menschen mit einer geistigen Beeinträchtigung haben häufig zu wenig Bewegung. Es ist auch oft nicht leicht, sie dazu zu motivieren, da viele eher antriebsarm sind. Was aber viele unter ihnen unheimlich lieben, ist die Ausgelassenheit z.B. beim Fangen spielen, am besten mit Durchkitzeln.

Natürlich ist nicht jeder gerne bei Winterwetter draußen unterwegs. Die Ankündigung einer Schneeballschlacht oder anderer Spiele im Freien ist oft ein guter Anreiz, um nach draußen zu gehen. Und am besten kündigen Sie schon vorher an, dass es danach ein gemütliches Beisammensein bei Kakao und Kerzen gibt.

Die Weihnachtszeit

Ich lade dich ein, jetzt einfach ein wenig zu entspannen.

Du liebst die Zeit vor Weihnachten.

Schon im November bist Du damit beschäftigt, Plätzchenrezepte auszusuchen.
Du liebst es, Dir Gedanken zu machen, was Du in diesem Jahr für Deine Lieben vorbereiten möchtest.

Heute gestaltest Du mit einigen Mitbewohnern einen Adventskranz.
Das ist eine schöne, wiederkehrende Tradition.
Dann wandert Ihr in den Keller, um Euren Adventsschmuck durchzuschauen.

Liebevoll betrachtest Du die einzelnen Schmuckstücke.
Auch die Krippenfiguren findest Du – aber die haben ja noch ein bisschen Zeit.

Die Vorbereitungen für den ersten Advent habt Ihr schon getroffen.
Der neue Adventskranz steht auf dem großen Tisch und die Küche ist mit Weihnachtsgirlanden geschmückt.
An die Fensterscheiben habt Ihr kleine Schneeflocken geklebt.

Bald beginnst Du mit der ersten Plätzchensorte.
Beim Backen genießt Du Musik, Deine Lieblings-CD.

Es werden ein paar wunderschöne Wochen, das weißt Du jetzt schon.
Jeden Abend sitzt ihr bei Kerzenlicht zusammen.
Manchmal liest jemand aus der Gruppe den anderen Weihnachtsgeschichten vor.

Diese Zeit ist einfach wunderschön.
Du bist kreativ.
Du entspannst Dich bei Kerzenschein.

Es ist eine ganz besondere, feierliche Stimmung in Eurer Gruppe.

Ich bitte Euch, langsam wieder mit Euren Gedanken in diesen Raum zurückzukehren. Du bist wieder vollkommen wach und gut erholt.

Fast alle Menschen mit geistiger Beeinträchtigung lieben die Vorweihnachtszeit. Es wird geschmückt, gebacken und es werden kleine Geschenke gebastelt. Diese Zeit ist oft stimmungsvoller, kreativer und entspannter als das Weihnachtsfest selbst – Letzteres erinnert oft an verstorbene Eltern oder andere Menschen, die nicht mitfeiern können. Die Zeit vorher dagegen hat eine recht ausgewogene Balance zwischen „etwas Schaffen“ und einfach Genießen.

Diese Geschichte lädt also ein, diese besondere Zeit im Jahr zu genießen. Konsumstress und Geschenkezwang sind damit natürlich nicht gemeint.

Mögliche Fragen

- Wie möchtest Du gern die Vorweihnachtszeit verbringen?
- Welche Rituale und Gewohnheiten kennst Du aus Deiner Kindheit?
- Möchtest Du welche davon in die Gruppe einbringen?

Mögliche Aktion

Ein Adventskranz lässt sich einfach selbst basteln. Aus Kosten- und Sicherheitsgründen schlagen wir die Variante mit Salzteig vor. Dazu wird Salzteig zu einem Ring geformt, der nach dem Backen bzw. Trocknen noch mit ausgestochenen Salzteigplätzchen belegt werden kann. In die Mitte kommen gesammelte Schätze, z.B. von einem Herbstspaziergang.

Bastelanleitung für einen Adventskranz aus Salzteig

- 10 Tassen Mehl
- 5 Tassen Salz
- Wasser
- Kerzenhalter z.B. aus Aluminium
- evtl. Plätzchenformen
- für die Deko: Schalen von Bucheckern, getrocknete Hagebutten, Zapfen, getrocknete Orangenschalen, Nüsse, Zimtstangen, Sternanis o.Ä.

Mehl und Salz mit etwas Wasser vermischen, bis der Teig formbar wird. Aus ca. zwei Kilo Teig einen dicken Ring formen, die Enden mit Wasser verbinden, glatt streichen und den Ring ein wenig platt drücken. Als Einsatz für die Kerzen am besten vier der breiteren, größeren Aluminiumschalen von Teelichtern in den Ring einfügen oder aus dem Salzteig kleine Würstchen rollen und in Kreisform auf den Ring setzen. Jetzt mindestens drei Stunden im Ofen trocknen, erst bei ca. 75 Grad, die letzte Stunde bei ca. 100 Grad. Wer möchte, kann den Kranz oder Teile davon mit Acrylfarbe bemalen oder aus dem restlichen Teil Plätzchen für die Verzierung ausstechen. Den Ring auf einen Teller stellen, die Mitte und die Kerzenhalter befüllen.

Silvester

Lass Deinen Blick noch einmal über die Ereignisse dieses Jahres schweifen. Verweile kurz bei einer schönen Erinnerung. Weniger schöne lässt Du jetzt mit einer Wolke fortziehen.

Es ist Silvester.

Diesen Abend verbringst Du gerne mit Deinen Mitbewohnern und einigen Freunden.

Die Vorbereitungen für das Fest machen Dir riesigen Spaß. Du schmückst den Tisch mit Glücksbringern, kleinen Marzipanschweinchen.
Für jeden legst Du eine Wunderkerze neben den Teller.
Die Zutaten fürs Bleigießen hast Du auch schon bereitgestellt.
Bleigießen ist jedes Mal lustig.
Es macht Dir Spaß zu überlegen, was die komischen Figuren bedeuten könnten.

Weil Du gern tanzt, hast Du gute Partymusik zusammengestellt.

Nachdem Du alles vorbereitet hast, setzt Du Dich in aller Ruhe hin.
Du entspannst Dich bei einer Tasse Kaffee.

Du lässt die Ereignisse dieses Jahres nochmal vor Deinem geistigen Auge vorüberziehen.
Du musst schmunzeln, weil Du Dich an lustige Begebenheiten erinnerst.

Es gab viele friedliche und harmonische Augenblicke.
Aber auch traurige, nicht so schöne Momente.
Auch für diese Momente nimmst Du Dir Zeit und betrachtest sie vor Deinem inneren Auge.

Du wirst im nächsten Jahr bestimmt viel erleben. Das wird Dir helfen, auch Probleme anders zu sehen.
Du wirst noch besser damit umgehen können.

In wenigen Stunden ist das Jahr zu Ende.
Es war gut, so wie es war.
Du freust Dich auf den Abend, das Zusammensein mit Deinen Mitbewohnern und Freunden.

Du verspürst einen tiefen Frieden in Dir
Es ist alles gut, so wie es ist.

Voller Vertrauen blickst Du in Deine Zukunft.

Du fühlst Dich gut. Du fühlst Dich wieder frisch und stark für das beginnende neue Jahr.

Das Silvesterfest spielt bei den meisten Menschen mit geistiger Beeinträchtigung eine wichtige Rolle. Der Weihnachtsblues, so vorhanden, ist vorbei und sie sind wieder in echter Feierlaune.

Mögliche Fragen

- Gefällt Dir das Silvesterfest?
- Hast Du vor dem Jahreswechsel das Bedürfnis, nochmal zurückzuschauen?
- Hast Du Wünsche für das kommende Jahr?
- Wie möchtest Du in Dein neues Jahr starten?

Mögliche Aktionen

Eine schöne Idee ist, die Wünsche zu notieren bzw. notieren zu lassen. Die Teilnehmer könnten einen „Wunschbaum“ basteln oder eine „Wünschekette“, etwas, das sie sich aufstellen oder hinhängen können, um immer mal wieder nachzulesen.

Bastelanleitung für die Wünschekette: Zur Vorbereitung werden Karton oder Tonpapier in kleine Zettel geschnitten oder gerissen. Anschließend schreibt jeder bis zu sechs Wünsche auf je einen Zettel. Die Zettel können dann mit Wäscheklammern an einem Wäsche- oder anderen Seil befestigt und an die Wand gepinnt werden. Eine schöne Alternative ist ein Arrangement mit Zweigen. Hier werden die Wünsche mit Draht oder Geschenkband an den Zweigen befestigt.

Materialvorschläge

- farbiger Karton oder festes Tonpapier
- Wäscheseil (oder Zweige)
- Wäscheklammern (oder Draht/Geschenkband)

Andere friedvolle Momente

Ein Konzertbesuch

Wir werden uns jetzt gemeinsam entspannen. Gedanken, die noch stören, lassen wir mit einer Wolke fortziehen. Stimmt Euch jetzt auf ein wunderschönes Musikerlebnis ein.

Stell Dir vor, Du gehst in ein Konzert Deines Lieblingsmusikers.

Seine Lieder begleiten Dich schon viele Jahre.
Wenn Du sie im Radio hörst, singst Du jedes Mal laut mit.
Oft legst Du eine CD in den Spieler und hörst Dir Deine Lieblingslieder an.
Aber in ein richtiges Konzert zu gehen, ist natürlich etwas ganz Anderes.

Was für eine riesige Halle das ist – es sind viele Menschen da.
Alle sind so aufgeregt wie Du und lachen und reden wild durcheinander.
Du sitzt auf einem Platz ziemlich nah an der Bühne.
Jetzt gehen auf einmal viele bunte Lichter an und Dein Lieblingsmusiker kommt auf die Bühne.
Er spielt gleich eines Deiner Lieblingslieder! Du singst begeistert mit.
Wie herrlich, die Musik ist richtig laut. Das liebst Du.
Zu Hause schimpfen Deine Nachbarn immer, wenn Du zu laute Musik hörst.

Aber hier lässt Du Dich einhüllen von den Liedern.
Du genießt es und klatschst in die Hände.

Du kennst ganz viele Lieder, die der Musiker singt.
Manchmal merkst Du, dass er sie ein bisschen anders singt, aber das macht nichts.
Du kannst ihn die ganze Zeit sehr gut sehen, er sieht toll aus.

Da – er hat Dich angeschaut und in Deine Richtung gelächelt. Ganz bestimmt!
Ein wunderbares Erlebnis, dieses Konzert.

Auf dem Rückweg bist Du noch immer aufgeregt und sehr glücklich.
Du hast Dir auch seine neue CD gekauft.
Die wird Dein liebster Besitz in der nächsten Zeit sein.
Du wirst die Lieder gleich heute Abend zum Einschlafen hören.

Wunderschön. Du freust Dich schon auf Dein nächstes Konzert.

Du fühlst dich gut! So gut, dass Du am liebsten singen möchtest.
Du bist frisch und gestärkt für den Tag.

Musik, Singen, Krach machen – für viele Menschen mit geistiger Beeinträchtigung ein wichtiger Teil des Lebens. Viele drücken mit ihrer Lieblingsmusik ihre Emotionen besser aus als in so manchen Gesprächen. Manche haben spezielle „Wut-Lieder“ oder auch „Trauer-Lieder“. Musik ist hier eine Art Ersatzkommunikationsform, wenn Sprache versagt. Deswegen sind Menschen mit einer geistigen Beeinträchtigung auch schnell und gerne bei musikalischen Angeboten dabei. Es empfiehlt sich daher, viel mit Musik zu arbeiten, zu singen – oder eben auch Konzertbesuche zu organisieren.

? Mögliche Fragen

- Träumst Du auch davon, ein Konzert eines bestimmten Musikers, einer Band zu besuchen?
- Hast Du schon einmal ein Konzert eines Musikers, einer Band besucht?
- Was hast Du dabei erlebt, wie hast Du Dich gefühlt?

! Mögliche Aktionen

Möglich wäre auch, Interessierte an einen integrativen Chor anzubinden. Oder organisieren Sie einen kleinen Haus-Chor. Am besten arbeiten Sie mit schönen, einfachen Volksliedern. Es gibt für beinahe jeden Anlass, für jede Jahreszeit das passende Lied. Stöbern Sie dazu z.B. im Internet, es gibt viele Seiten, auf denen Sie Texte, mp3s und Noten legal herunterladen können, z.B.:

- www.zeit.de/themen/kultur/volkslieder/index, 16.10.2015
- www.volksliedersammlung.de/volk-a-z.html, 16.10.2015

Feierabend

Ich lade Dich ein, jetzt ein wenig zu entspannen. Eine angenehme Ruhe umgibt Dich, Deinen Körper und Deinen Geist.

Stell Dir vor, Du hast Feierabend.

Dein Tag in der Werkstatt war heute gemischt.
Einige Kollegen von Dir waren unruhig und die Stimmung war nicht so entspannt und schön wie sonst.

Erschöpft fährst Du am Abend mit dem Bus heim.
Du machst es Dir auf dem Sitz gemütlich und schaust durch die Fenster nach draußen.

Eigentlich möchtest Du Deine Augen schließen.

Was Du jetzt aber siehst, entschädigt Dich für diesen anstrengenden Tag.
Du denkst nicht mehr daran, Deine Augen zu schließen.
Im Gegenteil:
Du siehst die Sonne in wunderschönen Farben untergehen.
Der Himmel hat sich Lila, Orange und Rosa verfärbt.
Du kannst Dich nicht satt sehen an diesen wunderschönen Farben.

Es sieht aus, als würden die Engel gerade im Himmel backen.

Du stellst Dir vor, wie viele pausbäckige Engel in einer großen Küche umherschwirren.
Sie stecken einen Laib Brot nach dem anderen in die Öfen.
Eine herrliche Vorstellung.
Sie entschädigt Dich für den anstrengenden Tag.

Du spürst, wie all Deine Kräfte in deinen Körper und Deinen Geist zurückkehren. Du fühlst dich wieder munter und zufrieden.

Du liebst die Sonnenuntergänge im Winter.

Jetzt freust Du Dich auf einen wunderschönen Feierabend und auf Deine Kollegen, die Du morgen wiedersehen wirst.

Du spürst eine tiefe Erholung in Dir. Körper und Geist sind vollkommen entspannt.

Unsere Intention ist es, den Blick für das Schöne im Leben zu wecken und die Menschen einzuladen, insbesondere an nicht so schönen Tagen, ihre Stimmungen relativieren zu lernen. Ob das mit einem gezielten Blick auf den Sonnenuntergang, einem entspannenden Spaziergang oder einem heißen Bad passiert, ist nicht wichtig. Wichtig ist, ein Bewusstsein dafür zu entwickeln, was einem selber gut tut. Dabei spielt die Natur eine wichtige Rolle.

Mögliche Fragen

- Was bringt Dich auf gute Gedanken?
- Kennst Du diese Art von Sonnenuntergängen?
- Hättest Du Lust, Dich am Wochenende mit einem Spaziergang im Sonnenuntergang vom Tag zu verabschieden?
- Wie wirken die Farben Lila, Orange und Rosa auf Dich?

Mögliche Aktion

Eine künstlerische Aktion könnte darin bestehen, einen Sonnenuntergang in Pastellkreide zu malen.

Ein Besuch im Café

Eine angenehme Ruhe umgibt Dich. Du bist ganz ruhig und entspannt. Stell Dir jetzt einen Besuch in Deinem Lieblingscafé vor.

Schon lange hast Du Dich auf diesen Tag gefreut.

Du hast eine nette Kollegin kennengelernt, mit der Du eine Leidenschaft teilst: Ihr liebt beide guten Kuchen und eine heiße Tasse Schokolade dazu.

Allein der Gedanke daran lässt Euch beiden das Wasser im Mund zusammenlaufen.
Heute ist auch noch wunderschönes Wetter.
Ein perfekter Tag für einen Besuch im Café.

Die Besitzerin kennt Euch schon und freut sich jedes Mal, wenn Ihr kommt.
Ihr schlendert erst mal gemütlich zur Theke, um in aller Ruhe die köstlichen selbstgemachten Kuchen anzuschauen.
Wie immer könnt Ihr Euch kaum entscheiden und sprecht ausgiebig über die vielen kleinen Kuchenkunstwerke.
Aber natürlich gibt es dann doch für Euch beide eine Kuchensorte, die Euch ganz besonders gefällt.

Der warme Kuchen auf Euren Tellern duftet herrlich.
Die heiße Schokolade dampft noch, vorsichtig leckt Ihr an der Sahne.

Ein wunderschöner Tagesausklang: Mit einem lieben Menschen ein schönes Café besuchen und Kuchen essen. Herrlich!

Das Leben zeigt sich mal wieder von seiner schönsten Seite.

Ich bitte Dich, langsam wieder mit Deinen Gedanken in diesen Raum zurückzukehren. Du fühlst Dich nach diesem erfüllten Tag gut erholt und gestärkt.

Ein Apfelkuchen für die Nachbarin

Du bist ganz ruhig und entspannt. Dein Atem ist ruhig und gleichmäßig. Eine angenehme Ruhe umgibt Dich, Deinen Körper und Deinen Geist.

Stell Dir vor, in Deiner Nachbarschaft ist ein großes Haus, in dem viele ältere Menschen wohnen.

Schon seit längerer Zeit hast Du einen herzlichen Kontakt zu einer älteren Dame aufgebaut.
Ihr habt Euch schon etliche Stunden miteinander verquatscht.
Vor kurzem erzählte sie Dir, dass sie starkes Rheuma in den Fingern hat. Das ist eine Krankheit, bei der sich die Menschen nicht mehr gut bewegen können.
Deswegen kann sie leider nicht mehr backen.

Spontan bietest Du ihr an, am nächsten Tag einen Apfelkuchen zu backen.
Ihre strahlenden Augen wirst Du nie mehr vergessen.

Schon am Abend beginnst Du mit der Apfelernte.
Die Äpfel sind dieses Jahr ganz besonders süß und saftig.
Am Abend gehst Du mit einem wunderbaren Gefühl zu Bett.
Deiner Nachbarin eine Freude zu bereiten – schon der Gedanke löst in Dir eine tiefe Zufriedenheit aus.

Am nächsten Morgen kannst Du es nicht mehr erwarten, den Teig zu rühren und mit Apfelscheiben, Nüssen und Rosinen zu belegen.
Du freust Dich riesig auf den bevorstehenden Besuch.

Am Nachmittag machst Du Dich mit Deinem Kuchen auf den Weg.
Deine Nachbarin freut sich sehr über den mitgebrachten Kuchen.
Sie erinnert sich an früher und erzählt Dir herrliche Geschichten von der Apfelernte aus ihrer Kindheit.

Als Du am Abend zu Bett gehst, musst Du immer wieder daran denken, wie glücklich Deine Nachbarin war.
Auch Dir selbst hast Du damit ein großes Geschenk gemacht.

Entspannt und ganz zufrieden schläfst Du ein.

Du spürst ein tiefes Glück in Dir. Es fühlt sich gut an, anderen Menschen eine Freude zu machen. Körper und Geist sind vollkommen erholt.

Menschen mit geistiger Beeinträchtigung wünschen sich oft nichts sehnlicher als Normalität. Natürlich genießen sie es, wenn andere Menschen sie besuchen und ihnen etwas Gutes tun. Besonders beglückend ist die Erfahrung, dass sie selbst durch ihr Dasein und durch ein Geschenk einem anderen Menschen zu Glück verhelfen können.

? Mögliche Fragen

- Hast Du schon mal so etwas Ähnliches erlebt?
- Wem möchtest Du gern etwas Gutes tun?
- Was möchtest Du genau tun?

! Mögliche Aktionen

Überlegen Sie mit der Gruppe, wem Sie gemeinsam etwas Gutes tun können. Es muss nicht der Apfelkuchen sein, vielleicht möchte jemand mit dem Hund der Nachbarn spazieren gehen oder etwas vom Einkaufen mitbringen? Die Gruppe kann nun gemeinsam überlegen, was es bedeutet, wenn man anderen etwas Gutes tut, etwas erledigt – und was das für das eigene Empfinden bedeutet.

Erdbeermarmelade

Ich lade Dich ein, jetzt ein wenig zu entspannen und Dich auf ein genussvolles Erlebnis einzustimmen.

Du liebst Erdbeermarmelade, vor allem selbstgemachte. Im Juni kannst Du es kaum noch erwarten, ein Erdbeerfeld zu besuchen.

Endlich stehst Du mitten auf dem Erdbeerfeld – um Dich herum ein Meer von Erdbeeren. Das löst bei Dir große Freude aus.

Es dauert lange, bis Du Dich entscheiden kannst, wo Du anfängst.
Außerdem bist Du erst mal ordentlich damit beschäftigt, Erdbeeren zu naschen.
Nach und nach füllt sich Dein Korb mit großen, glänzenden Erdbeeren.

Jetzt freust Du Dich auf das Einkochen der Erdbeeren zu Erdbeermarmelade.
Dafür hast Du schon alle Zutaten besorgt.

Erst wäschst Du vorsichtig die großen roten Früchte.
Du liebst den Moment, wenn Du die Früchte mit dem Gelierzucker aufkochst.
Was für ein herrlicher Geruch aus dem Topf kommt.

Es entsteht eine herrliche kräftig rote Creme.
Deine selbstgemachte Marmelade.
Ganz vorsichtig gießt Du sie in die Gläser und verzierst diese mit Schleifen und Stoffen.

Eine ganze Reihe mit Gläsern steht vor Dir.
Das ist großartig und Du bist sehr stolz.
Erdbeermarmelade zu kochen, das ist Sommer pur!

Und das Schöne ist: Du wirst noch lange an diesen herrlichen Tag denken.
Du kannst Deine Marmelade immer wieder beim Frühstück genießen.

Mmmmh, lecker!

Nimm jetzt diesen guten Geschmack mit und kehre in den Raum zurück.

Neben der sinnlichen Erfahrung beim Betrachten und Berühren der Früchte und beim Probieren der fertigen Creme ist es einfach schön, selbst etwas zu produzieren. Noch dazu, wenn es anschließend schön aussieht und lecker schmeckt. Es erfüllt die Menschen zu Recht mit viel Stolz. Solche Erfahrungen tun einfach gut! Besonderen Spaß macht es, wenn man anderen im Anschluss auch noch eine Freude mit einem Glas Marmelade machen kann.

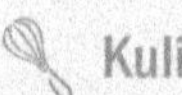 Kulinarisches Angebot

Diese Geschichte lädt ein, anschließend tatsächlich Marmelade zu kochen. Natürlich macht es auch zu anderen Jahreszeiten ungemein viel Spaß, Früchte zu ernten und zu verarbeiten. Solche Aktionen stärken nebenbei auch das Zusammengehörigkeitsgefühl. Da es viele Arbeitsschritte gibt, können an so einer Marmeladenaktion etwa vier Personen teilnehmen.

Rezept für Erdbeermarmelade

- 1 kg frisch gepflückte Erdbeeren
- 500 g Gelierzucker
- 1 Biozitrone

Von der Zitrone ca. die Hälfte der Schale (nur den gelben Teil) in kleine Stücke schneiden. Die Erdbeeren waschen und pürieren. Das Erdbeermus mit dem Gelierzucker aufkochen lassen und zum Schluss die Zitronenstücke hinzugeben. Alles gemeinsam eine weitere Minute kochen lassen und anschließend in abgekochte Gläser füllen.

Das Lächeln eines Fremden

Wir werden uns jetzt gemeinsam entspannen. Gedanken, die noch stören, lassen wir mit einer Wolke fortziehen.

Stell Dir vor, es ist Montag.
Du bist auf dem Weg zur Arbeit.

Der Tag fing nicht so gut an.
Du bist müde und ein bisschen genervt, weil es die ganze Zeit regnet.
So viel grau um dich herum. Das gefällt Dir nicht.
Du bist in Deine Gedanken versunken.

Plötzlich merkst Du, dass Dich jemand ansieht.
Du schaust in die Richtung und blickst in ein warmherziges Lächeln.

Jemand mit offenem Blick und Lachfältchen in den Augenwinkeln strahlt Dich an. Ganz kurz.
Und schaut wieder in sein Buch.

Du siehst und spürst die Wärme dieses Lächelns aber immer noch. Es ist wie ein Zauber.
Ein wunderbares Geschenk, einfach so.

Ist es nicht ein schöner Tag, wenn er Dir ein solches Lächeln schenkt?

Du fühlst Dich gut. Du fühlst Dich wieder frisch und stark für den Tag.

Nicht wenige Menschen mit geistiger Beeinträchtigung haben mit ihrer Andersartigkeit zu kämpfen und nehmen Anstarren oder auffälliges Hinschauen deutlich wahr. Eine wichtige Aufgabe der professionellen Helfer ist es, diese Menschen bei der Auseinandersetzung mit ihrer Behinderung und ihrer Andersartigkeit zu unterstützen.

In der Regel wissen es diese Menschen ganz besonders zu schätzen, wenn Mitmenschen ganz normal mit ihnen sprechen und umgehen, ihnen „auf Augenhöhe" begegnen. Ziel dieser Geschichte ist es, die Menschen für die Schönheit im Alltag zu sensibilisieren. Dafür müssen sie sich aber auch trauen, ihre Mitmenschen offen zu betrachten, um ein Lächeln überhaupt empfangen zu können.

Mögliche Fragen

- Ist mir das schon passiert, dass mich jemand angelächelt hat, den ich gar nicht kenne?
- Wie geht es mir mit so einem Lächeln?
- Traue ich mich, mit offenem Blick durch die Welt zu laufen?

Meine Vorratskammer

Ich lade Dich ein, jetzt ein wenig zu entspannen. Eine angenehme Ruhe umgibt Dich, Deinen Körper und Deinen Geist.

Stell Dir vor, Du besitzt eine eigene Vorratskammer.

Das ist aber keine gewöhnliche Kammer. Sie besteht aus all Deinen persönlichen Schätzen.
In den Regalen und Schubladen findest Du Dinge, die Dir sehr am Herzen liegen.

Du ziehst die erste Schublade auf und findest eine schöne Kiste mit alten Fotos.
Auf diesen Fotos siehst Du Deine Eltern und Dich.
Deine Eltern blicken liebevoll auf Dich, auf ihr Kind.
Auf anderen Aufnahmen bist Du mit lieben Freunden zu sehen.

In einer anderen Schublade findest Du selbstgebastelte Schätze, die Du mit schönen Erinnerungen verbindest.
Den Rest einer selbst beklebten Kerze, die Du als Kind zu Ostern gebastelt hast. Und ein kleines Tier aus Salzteig, das Du immer am Fenster liegen hattest.

In einem weiteren Regal stößt Du auf alte Schallplatten, CDs und Musikkassetten.

Du erinnerst Dich an die vielen Tage, an denen Du gemütlich auf Deinem Bett gelegen und Deiner Lieblingsmusik gelauscht hast.

In einem von Dir selbst beklebten Karton entdeckst Du alte Postkarten und Briefe.
Vor Deinem geistigen Auge tauchen sofort Bilder auf: Du siehst Dich aufgeregt zum Briefkasten laufen und den Brief eines lieben Menschen öffnen.

Zum Schluss öffnest Du ein letztes Fach.
Darin findest Du Dein Kuscheltier.
Es war Dir immer ein guter Begleiter.

Bei Kummer hat es Dir zugehört und Dich getröstet.
In der Nacht hat es Dir Wärme gespendet.

Du stellst fest, dass du ein reicher Mensch bist, mit vielen Schätzen, die Dich umgeben.

Dein Leben ist reich.
Voller Glück schaust Du auf Dein bisheriges Leben zurück.

Du spürst eine tiefe Erholung in Dir. Körper und Geist sind vollkommen entspannt.

Ben Furmann, Facharzt für Psychiatrie aus Finnland, inspirierte mich zu dieser Geschichte. Er publizierte 1999 sein Buch „Es ist nie zu spät, eine glückliche Kindheit zu haben" (Furmann 1999). Darin hinterfragt er kritisch die Theorie, dass traumatisierende Erlebnisse in der Kindheit maßgeblich den weiteren Lebensverlauf eines Menschen prägen, dass sie jeglichen positiven, wertschätzenden Blick auf die vergangene Zeit unmöglich machen.

Vielmehr plädiert er dafür, die eigene Vergangenheit als Quelle der Kraft zu nutzen. An ihn und sein Buch musste ich oft denken, wenn mich Bewohner auf ihre Zimmer einluden. Dort zeigten sie mir Fotos von sich und ihren Eltern in entspannten Momenten. Sie wussten schon intuitiv: Schätze hat jeder, man muss sie nur finden und zu schätzen wissen.

Diese Geschichte lädt also ein, über die eigenen Lebensschätze zu reflektieren.

Mögliche Fragen

- Welche Schätze gibt es in Deinem Leben?
- Welche Menschen spielten in Deinem Leben eine besondere Rolle?
- Welche Bedeutung hatte für Dich Dein Kuscheltier?
- Welche Bedeutung hatten Briefe oder Postkarten?

Mögliche Aktionen

Wie sieht meine Vorratskammer aus? Jeder Teilnehmer bekommt die Aufgabe, seine persönliche Schatzkammer zu malen. Dafür werden Papier, Stifte oder andere Farben benötigt. Es bietet sich an, ein Regal vorzuzeichnen, das von den Teilnehmern künstlerisch mit den jeweiligen persönlichen Schätzen bestückt wird. Im

Anschluss kann jeder überlegen, an welchen Platz in seinem Zimmer dieses Bild gehört.

Materialvorschläge Vorratskammer

- weißes Papier, DIN A3
- bunte Malstifte
- evtl. Lineal

Das Befüllen einer Schatzkiste: Bei dieser Übung wird gemeinsam ein Karton mit den eigenen persönlichen Schätzen oder symbolischen Gegenständen befüllt. Sie eignet sich daher besonders für Menschen, die motorisch nicht in der Lage sind zu malen bzw. zu greifen. Auch diese Aktion dient der Visualisierung und die Schatzkiste verdient einen besonderen Platz im Zimmer.

Mit Geschenkpapier oder selbstgemaltem Papier beklebte Schuhkartons, können als Schatzkiste dienen. Für den Inhalt bieten sich Fotos lieber Menschen in glücklichen und entspannten Situationen, Postkarten mit verschiedenen Landschaftsaufnahmen, Naturmaterialien, schöne Stoffe oder Knöpfe, kleine Kuscheltiere etc. an.

Diese aufgezählten Schätze sollen natürlich nur Anregungen darstellen, in Gesprächen lässt sich am besten herausfinden, welche individuellen Schätze die Menschen haben.

Für Menschen, die nicht greifen können, wird der jeweilige Gegenstand benannt und angeboten. Ob dieser dann in die Kiste gehört, entscheidet derjenige durch seine persönliche Art der Kommunikation selbst.

Zum Schluss dieser Einheit ist es sinnvoll, gemeinsam einen passenden Platz für jede Schatzkiste auszusuchen. Diesen Moment können Sie durchaus ein bisschen feierlich gestalten. Eine Schatzkiste findet man schließlich nicht alle Tage!

Materialvorschläge Schatzkiste

- kleine Kartons, leere Keksdosen o. Ä. in der Größe eines Schuhkartons
- Geschenkpapier oder weißes Papier und bunte Malstifte

Mein Geburtstag

Du bist ganz ruhig und entspannt. Dein Atem ist ruhig und gleichmäßig. Eine angenehme Ruhe umgibt Dich, Deinen Körper und Deinen Geist.

Stell Dir vor, Du hast heute Geburtstag.

Als Kind warst Du schon eine Woche vorher richtig aufgeregt.
Es ist heute als erwachsener Mensch ein bisschen anders, aber Dein Geburtstag ist immer noch ein wichtiger Tag für Dich.
Du freust Dich einfach, wenn jemand an Dich denkt.
Sei es, dass Dein Telefon öfter klingelt oder dass Du Geburtstagspost erhältst.

Am Nachmittag erwartest Du Deine Gäste.
Du hast einige liebe Menschen eingeladen und mit einer Betreuerin am Abend vorher einen Kuchen gebacken.
Die Gäste singen für Dich ein Ständchen und lassen Dich hochleben.
Natürlich sollst Du auch Deine Geburtstagskerze ausblasen.

Auf Deinem Tisch liegen viele Geschenke in buntem Papier.
Alle sind in guter Stimmung.
Genauso hast Du Dir das vorgestellt.

Es ist herrlich, wenn viele Menschen, die man gern hat, um einen versammelt sind.

Nachdem Ihr zu Abend gegessen habt, überreicht Dir jeder eine Blume und spricht Dir persönliche Wünsche für Dein neues Lebensjahr aus.

Am Abend liegst Du müde, aber voller Glück in deinem Bett. Immer wieder lässt Du Dir diesen wunderbaren Tag durch den Kopf gehen.

Es war so schön.
Dieser Tag wird Dir sicher noch lange in Erinnerung bleiben.

Du spürst eine tiefe Erholung in Dir. Körper und Geist sind vollkommen entspannt.

Der Geburtstag, auch gern Jubeltag genannt, ist für die meisten Menschen mit geistiger Beeinträchtigung ein wirklich besonderer und wichtiger Tag. Viele möchten bei der Planung mithelfen und ihre Wünsche für diesen Tag mit einfließen lassen. Meine Kursteilnehmer bekommen zu ihrem Geburtstag im Übrigen immer ihre eigene, individuelle Geschichte. Dieses Ritual hat sich etabliert und wird auch deutlich eingefordert. Meist frage ich die Menschen im Laufe der Zeit, aber auch kurz vor dem jeweiligen Geburtstag, was ihnen am Geburtstag besonders wichtig ist. Daraus entwickele ich am Tag selbst eine individuelle Geschichte. Dabei improvisiere ich oft, denn hier geht es weniger um Perfektion als um die persönliche Geste. Trauen Sie sich und probieren Sie das auch einmal aus!

Mögliche Fragen

- Welche Bedeutung hat Dein Geburtstag für Dich?
- Gibt es Wünsche, die Du bis jetzt noch nicht ausgesprochen hast?
- Wie möchtest Du diesen Tag gern verbringen?

Auf der „Wiesn“

Vorbemerkung: Da wir Autorinnen in München leben, lassen wir es uns nicht nehmen, eine unserer Geschichten auf dem Oktoberfest spielen zu lassen. Dabei verlagern wir unseren Schauplatz auf die „Oide Wiesn“, einen beschaulicheren Teil des Festgeländes, den vor allem Familien besuchen und Menschen, die Oktoberfestluft schnuppern möchten, ohne dem Riesenrummel mit viel Alkohol und Gegröle ausgesetzt zu sein.

Ich lade Dich ein, jetzt ein wenig zu entspannen.

Du bist ganz aufgeregt, weil Eure Gruppe beschlossen hat, das Oktoberfest zu besuchen, die „Wiesn“, wie die Bayern sagen.

Dort besucht Ihr die sogenannte „Oide Wiesn“, einen wirklich schönen Fleck auf diesem Fest, der an alte Zeiten erinnert.
Dort gibt es riesige Jahrmarktorgeln und alte Schiffschaukeln.
Natürlich findet Ihr dort auch Bierzelte, in denen Ihr eine Mass Bier kaufen könnt.
Die „Wiesn“-Besucher sitzen gerne mit ihrer Mass Bier draußen auf Bierbänken und essen bayerische Schmankerl wie Leberkäse oder Hendl.
Aus dem Zelt hört man traditionelle bayerische Volksmusik.

Auch Du suchst Dir mit Deiner Gruppe einen Tisch aus und lässt Dich von den bayerischen Köstlichkeiten verwöhnen.
Ihr beobachtet die Leute, die vergnügt mitsingen, teilweise sogar auf den Tischen tanzen.
Das ist völlig normal, das gehört zur „Wiesn" dazu.

Deine Gruppe und Du, Ihr lasst Euch von der guten Laune der anderen Menschen anstecken.
Du genießt es, wie fröhlich und ausgelassen alle sind und lässt die Atmosphäre auf Dich wirken.

Nach einer Weile schlendert Ihr weiter über die „Oide Wiesn" und findet die Fahrgeschäfte mit denen ihr schon als Kinder gerne gefahren seid: „Calypso" oder „Rund um den Tegernsee". Dabei fahren viele bunte Wagen aneinandergereiht im Kreis herum.

Da müsst Ihr natürlich einmal mitfahren.
Es geht erst ganz langsam los. Aber dann dreht Ihr Euch immer schneller und schneller um den Springbrunnen in der Mitte.
Du siehst alle anderen in den Gondeln jauchzen und lachen.
Die Fahrt ist viel zu schnell zu Ende.
Als Du aussteigst, lachst Du immer noch.

Jetzt kaufst Du Dir noch ein Lebkuchenherz, das Du stolz um Deinen Hals trägst.

Der Tag war schön, einfach schön!

Nimm die Gedanken an diesen herrlichen Ausflug mit und kehre nun in den Raum zurück. Den Spaß, den Du auf dem Oktoberfest hattest, nimmst Du mit in Deinen Tag.

Die meisten Menschen mit geistiger Beeinträchtigung lieben Spaziergänge über Jahrmärkte oder auf die „Wiesn". Es mobilisiert Erinnerungen an früher, an die Kindheit, an die Zeit, in der wir mit großen Augen solche Ereignisse genießen konnten. Deswegen: Ob Schützen-, Frühjahrsfest oder Weihnachtsmarkt – machen Sie ruhig einen Ausflug dorthin. Möglichst früh am Tag und in kleinen Gruppen.

Das ist eine gute Möglichkeit, erneut an Schätze anzudocken. Schätze, die jeder Mensch in sich trägt. Die Meisten werden sich an solche Erlebnisse erinnern und sie in der Regel mit einem wohltuenden Abenteuer verbinden.

Dabei spielt auch der Inklusionsaspekt eine nicht unwesentliche Rolle: Zur „Wiesn"-Zeit ist in München jeder unterwegs. Im Dirndl oder in der Lederhose, alle machen sich in dieser Zeit schick und feiern mit!

Mögliche Fragen

- Was glaubt Ihr, warum lieben die Menschen Volksfeste so?
- Könnt Ihr Euch an Volksfeste in Eurer Kindheit erinnern?

Ein Trommelworkshop

Wir werden uns jetzt gemeinsam entspannen. Ich möchte Dich auf eine energiegeladene musikalische Reise einladen.

Eine neue Kursleiterin hat sich in Eurer Werkstatt vorgestellt.
Sie schaut nett aus.
Irgendwann lädt sie Dich zum Trommeln ein.

Trommeln?
Natürlich kennst Du das Musikinstrument, aber Du kannst Dir im ersten Moment gar nicht vorstellen, wie das gehen soll.
Mit Deiner Hand auf die Trommel schlagen und das soll gut klingen?

Trotzdem lässt Du Dich zaghaft auf diese neue Erfahrung ein.
Du nimmst die Trommel vorsichtig in die Hand und probierst ein bisschen, wie sie klingt.
Zwischendurch schaust Du schüchtern zu Deinen Nachbarn, die genauso unsicher und zugleich fasziniert auf ihr Instrument schauen.

Die Kursleiterin gibt Euch jetzt einen Takt vor.
Kurz–kurz–laaang. Kurz–kurz–laaang.

Langsam steigerst Du Dein Tempo.
Alle steigern ihr Tempo.

Erst wird die Gruppe leiser und leiser, dann wieder lauter und lauter.
Ihr trommelt alle gleichmäßig im Takt, es klingt wie ein richtiges Trommelorchester.
Kurz–kurz–laaang.

Es scheint eine Ewigkeit anzuhalten, so lange trommelt Ihr begeistert.
Du fühlst Dich wie in einem Traum, unbeschreiblich schön!

Du verlässt nach der Stunde den Raum.
Du kannst gar nicht fassen, was Du da gerade erlebt hast.
Etwas ganz Neues.

Das würdest Du gerne wiederholen.

Du fühlst Dich gut. Du bist voller Energie und würdest am liebsten noch lange weitertrommeln.

Die Geschichte lädt ein, sich einfach mal auf Neues einzulassen. Menschen mit einer geistigen Beeinträchtigung können das beeindruckend gut. Sie sind oft wesentlich weniger damit beschäftigt, sich zu überlegen, wie sie mit dem, was sie tun, wohl wirken. Sie genießen den Augenblick und freuen sich, dass sie teilhaben dürfen an diesem Gemeinschaftswerk. Sie brauchen nur Menschen, die sich auf ihr spezielles Tempo einlassen können. Es bedarf nicht selten mehrfacher Einladungen, aber irgendwann passt es.

Dabei stehen musikalische Ansprüche eher im Hintergrund. Wir machen zusammen Musik und lauschen dem vorgegebenen Takt.

All das entspannt ungemein und bringt oft auch Menschen, die eher nicht so gut miteinander auskommen, ein wenig „runter". Sie erleben miteinander etwas sehr Schönes und übertragen das positiv in ihren Alltag.

Die Geschichte lädt also eher zum Ausprobieren als zur kognitiven Auseinandersetzung ein.

Weiterführend empfehlen wir Gespräche zum Thema „Was ich immer schon mal ausprobieren wollte". Dabei ergeben sich oft unerwartet kreative Vorschläge für die Gruppenarbeit oder einfach weitere Ereignisse, Übungen, Events (s. „Einmal über den Laufsteg gehen").

In der Schule

Ich lade Dich ein, jetzt einfach ein wenig zu entspannen.

Vielleicht liegt Deine Schulzeit schon länger zurück, aber Du erinnerst Dich immer noch gern an diese Zeit.
Es war schön, mit den anderen im Klassenzimmer zu sitzen.

Einige Lehrer hattest Du besonders gern.
Es waren die, die viel Freude an ihrem Beruf hatten. Freude daran, anderen Menschen etwas beizubringen. Freude daran, mit Dir zu lachen, und Freude daran, mit Dir gemeinsam zu wachsen.

Es hat Spaß gemacht, wenn Du die Matheaufgabe endlich verstanden hast oder wenn Du wieder neue Wörter gelernt hast.

Du spürst, dass Du wieder Lust hast, etwas Neues zu lernen.
Vielleicht über Pflanzen, über eine tolle Stadt oder ein Land und seine Menschen.

Ein paar Tage später entdeckst Du ein Heft, in dem viele Kurse angeboten werden.
Du spürst eine tiefe Freude in Dir.
Endlich mal wieder lernen.

Du hast einen Kurs entdeckt, der Dich besonders interessiert.
Er geht über ein ganzes Wochenende.
Du kannst es gar nicht mehr abwarten, bis er beginnt.

Ein bisschen aufgeregt und vor allem neugierig fährst Du zu dem Kurs.

Es war toll. Du hast nicht nur viel dazugelernt, sondern konntest auch andere nette Menschen kennenlernen.

Du weißt, dass Du Dir so etwas nun öfter gönnen möchtest.
Außerdem möchtest Du mehr erfahren über das Thema.
Du denkst an Bücher oder auch Filme, die Du Dir ausleihen kannst.

Eine spannende Zeit beginnt für Dich!

Du spürst eine tiefe Erholung in Dir. Es tut gut wieder zu spüren, dass Lernen viel Spaß macht.

Menschen mit geistiger Beeinträchtigung erzählen gerne aus ihrer Schulzeit. Da geht es einerseits um lustige Anekdoten, aber auch um nostalgische Momente: die schöne Zeit, in der man als Schüler die Schulbank drückte und einfach lernen durfte. Gern beschäftigen sich auch Menschen mit geistiger Beeinträchtigung mit neuen Themen, selbstverständlich immer in ihrem Tempo und mit entsprechenden Wiederholungen.

Nur steht auch bei ihnen vor dem Lernen von neuen Dingen der berühmte „Schweinehund“, der überwunden werden will. Hier soll diese Geschichte helfen. Vielleicht kann sie den ersten entscheidenden Anstoß geben.

In vielen Institutionen werden explizit Seminare für Menschen mit geistiger Beeinträchtigung in leichter oder einfacher Sprache angeboten (z.B. in der offenen Behindertenarbeit (OBA) oder an den Volkshochschulen). Diese Kurse sind beliebt und oft schnell ausgebucht. Es ist aber auch spannend, sich einfach am Abend zusammenzusetzen und über ein bestimmtes Thema zu sprechen – und sich zu verabreden, das Gespräch bei weiterem Interesse fortzusetzen.

Das Thema Bildung und Weiterbildung ist ein wesentlicher Bestandteil von Kulturtechniken und Teilhabe. Für den professionellen Helfer kann es eine spannende Erfahrung sein, zu erleben, wieviel Wissen einzelne Menschen in der Gruppe zu bestimmten Themen haben.

Die daraus entstehende Dynamik und die weiterführenden Gespräche sind für alle Beteiligten sehr bereichernd. Die Mitglieder einer Gruppe haben die Möglichkeit, sich unter ganz anderen Gesichtspunkten kennenzulernen und auszutauschen.

? Mögliche Fragen

- Was interessiert Dich, mit welchen Themen möchtest Du Dich beschäftigen?
- Sollen wir zu diesem Thema gemeinsam einen kurzen Vortrag gestalten?

Ein Besuch auf dem Trödelmarkt

Du bist ganz ruhig und entspannt. Ich möchte Dich jetzt mitnehmen auf eine Reise nach Westfalen.

Du reist in die schöne Stadt Münster.

Eine wunderbare grüne Parkanlage, die sogenannte Promenade, umgibt die Altstadt.
Auf einem Teil dieser Anlage findet mehrmals im Jahr ein Trödelmarkt statt.
Menschen haben ihre Stände aufgebaut und bieten ihre Waren an.
Du findest dort alles, was Dein Herz begehrt: alte Musikinstrumente, Vasen und Porzellan, alte Möbel und Anziehsachen, die die Menschen nicht mehr brauchen.

Es ist herrlich, über die Promenade zu schlendern.
Eine wunderbare Stimmung umgibt Dich.
Es erinnert Dich an früher, an Deine Oma.

Du musst an das alte Radio von Oma und an den Küchenschrank denken, als Du die vielen alten Sachen anschaust.

Interessiert schaut Dir eine Dame über die Schulter.
Sie sieht aus, als müsste sie auch gerade an ihre Kindheit denken.

Auf einmal entdeckst Du eine Spieluhr, die Dich an Deine Kindheit erinnert.
Du konntest stundenlang der Musik lauschen und dabei das Pärchen beobachten, das sich auf der Spieluhr im Kreis drehte.

Auch heute, als erwachsener Mensch, faszinieren Dich diese Spieluhren immer noch.
Deswegen kaufst Du Dir dieses Spielzeug, das Dich so an Deine Kindheit erinnert.

Mit einem Lächeln setzt Du deinen Spaziergang auf der Promenade von Münster fort und freust Dich über die Spieluhr in Deiner Tasche.

Nimm diese Gedanken mit und kehre nun genau mit diesem Lächeln in den Raum zurück.

Wir alle kennen das Gefühl, das Spielzeug unserer Kindheit wiederzuentdecken. Die schönen Momente, die wir mit ihm verbringen durften, hallen noch nach. Auch Menschen mit geistiger Beeinträchtigung erfahren mit ihrer Hilfe viel Trost und docken an wohltuende Kindheitserlebnisse an.

? Mögliche Fragen

- Welches Spielzeug hast Du früher als Kind geliebt?
- Was hast Du mit diesem Spielzeug gemacht?

! Mögliche Aktion

Diese Geschichte könnte zu einem Spaziergang über einen Trödel- oder Flohmarkt anregen. Sicher findet sich dort der eine oder andere Schatz, der der Seele einfach gut tut. Ganz abgesehen davon, dass es auch Spaß macht, wenn man nichts kauft.

Einmal über den Laufsteg gehen

Du bist ganz ruhig und entspannt.

Einmal über den Laufsteg gehen – wie ein echtes Model.
Das hast Du Dir schon immer gewünscht.

Auf einem Werkstattfest ist es dann soweit:
Du hast Dich schick gemacht.
Vorher hast Du geübt, wie ein echtes Model über den Laufsteg zu gehen.

Ein Moderator, ein richtiger Profi, kündigt Deinen Auftritt an.
Dazu gibt es tolle Musik.
Es fühlt sich super an.

Natürlich warst Du am Anfang aufgeregt.
Aber mit jedem Schritt wirst Du immer sicherer und sicherer.
Es ist wie im Traum, sich zur Musik zu bewegen.
Deine Kollegen und Freunde schauen Dich bewundernd an.
Das gefällt Dir sehr.
Es macht unglaublich Spaß, über den Laufsteg zu gehen.
Als Dein Auftritt beendet ist, klatschen alle.
Ein wunderbares Gefühl.

Am Abend – als Du im Bett liegst – da läufst Du in Gedanken immer noch den Laufsteg entlang.

Ein wunderschöner Tag.
Du wirst ihn so schnell nicht vergessen.
Voller Stolz schaust Du Dir noch mal die Fotos von Deinem Auftritt an.

In den Tagen darauf spürst Du, dass Du Dich anders bewegst.
Du gehst aufrechter und schaust die Menschen an.
Und die Menschen schauen auch Dich anders an.
Es tut Dir gut zu spüren, was Du alles kannst.

Du bist glücklich, dass Du Dich das getraut hast!

Du fühlst Dich gut. Du gehst mutig und stolz in den Tag.

Nicht wenige Menschen mit geistiger Behinderung haben physische Auffälligkeiten und ziehen Blicke auf sich, weil sie anders aussehen. Es ist vielen, insbesondere den Menschen mit leichter geistiger Beeinträchtigung, durchaus bewusst und für sie nicht immer leicht, sich damit zu arrangieren.

Die „Andersartigkeit" erstreckt sich dabei nicht nur auf Äußerlichkeiten, sondern auch auf die Lebensumstände. Oft leben die Menschen in Heimen oder Wohngruppen, haben keinen Partner oder keine eigene Familie.

Ein Auftritt auf einem Laufsteg ist deswegen etwas ganz Großartiges, das den Menschen für einige Zeit viel Kraft schenkt. Ich kann Kollegen nur ermuntern, so etwas einfach auszuprobieren. Sicherlich bedarf es einiger Vorbereitung, es wird aber allen, auch den Helfern, sicherlich viel Freude bereiten, an diesem schönen Event partizipieren zu dürfen.

Wir haben das so gemacht: Im Vorfeld haben wir entschieden, dass jeder Kleidung auswählt, in der er sich wohl und gleichzeitig schick fühlt. Unsere Damen wurden von einer Kosmetikerin geschminkt, die sich ehrenamtlich mit viel Engagement einbrachte. Außerdem konnten sich alle ihrem Outfit entsprechend schicke Hüte aussuchen. Im Vorfeld wurde geprobt, damit jeder sicheres Gehen üben konnte. Menschen mit einer Gehbehinderung gingen mit Begleitung.

Wir wurden noch wochenlang angesprochen, ob wir eine derartige Veranstaltung im nächsten Jahr wieder anbieten.

Mein Kater

Eine angenehme Ruhe umgibt Dich. Du bist jetzt ganz ruhig und entspannt.

Stell Dir vor, Du hast einen Kater.
Einen richtigen Schmusekater.
Er ist nicht nur der allerbeste Kater für Dich, sondern auch kuschelig und weich.

Gern springt er auf Deinen Schoß und tretelt mit seinen Pfötchen auf Deinen Beinen.
Dann legt er sich hin und rollt sich ein.
Dabei schnurrt er voller Wohlbehagen.
Wenn Du ihn im Nacken kraulst, schnurrt er sogar noch lauter.

Dein Kater ist auch für Dich da, wenn Du Kummer hast.
Er scheint gut zu spüren, wenn es Dir mal nicht so gut geht.
Sein Fell saugt auch mal die eine oder andere Träne auf.
Manchmal kuschelt er sich in der Nacht an Dich.
Besonders im Winter. Da ist es draußen zu kalt und bei Dir im Bett viel schöner.
Auch Du kuschelst Dich nachts gern an dieses warme Fellknäuel.

Es ist schön mit Deinem Kater.
Du denkst voller Dankbarkeit an ihn.

Ich bitte Dich, langsam wieder mit Deinen Gedanken in diesen Raum zurückzukehren. Du bist wieder vollkommen wach und gut erholt.

Viele Betreute mögen Tiere gern, ganz besonders Katzen. Leider ist es oft nicht möglich, mit Tieren in Wohngemeinschaften zu leben. Es macht aber Spaß, Katzen oder Hunde aus der Nachbarschaft zu streicheln.

[?] Mögliche Fragen

- Hattest Du früher auch ein Haustier?
- Wenn ja, welche Erfahrungen hast Du mit Deinem Tier gemacht?
- Wünschst Du Dir mehr Kontakt zu Tieren?

[!] Mögliche Aktion

Eine mögliche Aktion wäre ein Besuch im Tierheim. Die Mitarbeiter des Tierheims sind oft dankbar, wenn sie Unterstützung beim Gassi gehen erhalten. Vielleicht gibt es auch den einen oder anderen Nachbarn, der sich über eine Begleitung beim Gassi gehen freut.

Meine beste Freundin

Ich lade Dich ein, jetzt einfach ein wenig zu entspannen. Eine angenehme Ruhe umgibt Dich.

Deine beste Freundin ist ein echter Schatz.

Manchmal habt Ihr Euch ganz viel zu erzählen, manchmal schweigt Ihr einfach zusammen. Auch das tut gut.

Überhaupt ist sie ein Mensch, der Dir einfach gut tut.
Oft schaut Ihr Euch an und wisst schon, wie es dem anderen geht.
Du kannst mit ihr richtig lachen, manchmal über echten Blödsinn.
Das befreit so richtig.

Ihr habt ein paar gemeinsame Hobbys, aber nicht alles mögt Ihr beide gleich gern.

Es kommt vor, dass sie ein bisschen komisch ist und schlechte Laune hat.
Du kennst das schon, Du bist auch manchmal nicht gut drauf.
Und Sie kennt das auch von Dir. Sie lässt Dich dann auch in Ruhe.

Du weißt viel von ihr und Du teilst vieles mit ihr.
Sie weiß es zu schätzen und Du auch.
Du liebst sie sehr, wie eine Schwester.

Irgendwie siehst Du ihr ein bisschen ähnlich, zumindest findet Ihr zwei das.

Du bist froh, dass es sie gibt. Und Du möchtest gerne auch noch mit ihr zusammen sein, wenn Du schon älter bist. Dein Wunsch ist, dass sie immer an Deiner Seite bleibt, auch wenn Ihr Euch mal streitet.
Das kommt auch mal vor.

Schön, dass es Dich gibt, meine Freundin.
Dafür danke ich Dir.

Du spürst eine tiefe Erholung in Dir. Körper und Geist sind vollkommen entspannt.

Natürlich haben auch Menschen mit geistiger Beeinträchtigung gute Freundschaften bzw. sehnen sich danach. Es ist manchmal nicht leicht, die Eigenarten eines anderen stehen zu lassen. Hier bedarf es nicht selten einer Intervention durch das Team in Form einer Erklärung: Dass eine Freundschaft nämlich nicht nur rosa Wölkchen bedeutet, sondern dass es Tage gibt, an denen man nicht gut zueinander findet.

An die Geschichte kann sich ein Gespräch darüber anschließen, ob die Teilnehmer mit ihren Freundschaften zufrieden sind oder ob ihnen ein guter Freund oder eine gute Freundin fehlt. So bietet sich Ihnen die Möglichkeit, Menschen zusammenzuführen und ein wenig zu assistieren, damit sie sich wieder begegnen können. Oft reicht dazu die schlichte Frage, ob ein Bewohner nicht einfach eine Einladung aussprechen möchte.

Das Gute liegt oft so nah, Menschen müssen nur manchmal etwas angestupst werden.

Mögliche Fragen

- Hast Du einen guten Freund oder eine gute Freundin?
- Falls nicht, hast Du eine Idee, wen Du gern etwas näher kennen lernen möchtest, mit wem sich vielleicht eine Freundschaft entwickeln könnte?
- Brauchst Du dabei meine Unterstützung?
- Was ist Dir wichtig in einer Freundschaft?

Dieses Thema kann auch gut innerhalb der ganzen Gruppe besprochen werden, möglicherweise eröffnen sich dabei noch interessante Optionen für weitere Gespräche und Aktionen oder einfach nur neue Sympathien füreinander.

Mein bester Freund

Eine angenehme Ruhe umgibt Dich. Du bist jetzt ganz ruhig und entspannt.

Deinen besten Freund kennst Du schon lange.

In der Schule habt ihr nebeneinander gesessen.
Am Nachmittag hast Du mit ihm Fußball gespielt.
Später hast Du mit ihm lange über Dein Mädchen gesprochen.
Das war so eine ganz Süße aus der Nachbarschaft.
Er hat Dir zugehört.
Und später hat er erzählt, dass er sich auch verliebt hat.

Du kannst Dir gar nicht vorstellen, wie das Leben ohne ihn wäre.

Im Sommer bist Du immer mit ihm ins Zeltlager gefahren.
Das war echt cool.
Abends habt Ihr zusammen am Feuer gesessen und Stockbrot und Würstchen gegrillt.

Deinen besten Freund triffst Du heute noch.
Eigentlich hat sich nicht viel geändert – außer dass Ihr jetzt erwachsen seid.

Ihr habt immer noch viel Spaß miteinander.
Dein Freund ist ein richtiger Witzbold.

Er erzählt gerne lustige Geschichten von früher.
Dann müsst Ihr laut losprusten.

Die anderen schauen dann ganz komisch.
Sie können das nicht verstehen.

Ihr Zwei habt aber so viel miteinander erlebt.
Auch in schwierigen Zeiten seid Ihr immer füreinander da.
Oft ohne viele Worte, Ihr seid einfach zusammen.
Du kannst Dich immer auf ihn verlassen.
Er sich genauso auch auf Dich.

Du möchtest ihn nicht missen, Deinen besten Freund.
Er ist mehr wert als ganz viel Gold.

Du fühlst Dich gut. Nimm diese Gedanken mit und kehre nun in den Raum zurück.

Menschen mit geistiger Beeinträchtigung sind oft sehr eng mit ihren Eltern bzw. Angehörigen und professionellen Mitarbeitern verbunden. Dabei kommt leider oft zu kurz, dass auch sie Beziehungen zu Freunden und Bekannten brauchen und wünschen. Mit dieser Geschichte möchten wir das Bewusstsein dafür wecken, dass auch für Menschen mit geistiger Beeinträchtigung gute Freundschaften und Beziehungen zu einem erfüllten Leben gehören. Nicht immer sind sie allerdings in der Lage, solche Beziehungen aufzubauen.

Hier können pädagogische Fachkräfte sie dabei unterstützen, mit anderen in Kontakt zu kommen, indem sie entsprechende Übungen oder kleine Rollenspiele anbieten.

[?] Mögliche Fragen

- Kennst Du das, eine echte Männerfreundschaft?
- Wünschst Du Dir einen guten Freund?
- Falls ja, kann ich Dich dabei unterstützen?

[!] Mögliche Aktion

Die einfachste Variante kann sein, den Menschen zu helfen, Einladungen an andere Personen auszusprechen. Ich biete in meinen Kursen oft Kommunikationsübungen an: Stell Dir vor, Du möchtest mit jemandem einen Kaffee trinken. Wie könntet ihr ins Gespräch kommen? Diese kleinen Rollenspiele machen Spaß und oft kristallisieren sich dann innerhalb der Gruppe Wünsche nach Begegnungen, Freundschaften oder Ähnlichem heraus. Nach einer solchen Übung fragte eine Dame z.B. spontan einen Mann, ob er nicht mit ihr einen Kaffee trinken möchte.

Ein Tag auf dem Fußballfeld

Ich lade Dich ein, jetzt einfach ein wenig zu entspannen.

Stell Dir vor, Du spielst mit Deiner Mannschaft Fußball gegen das Nachbardorf.

Ihr feiert auch gern mit Euren Gegnern, aber jetzt ist die Lage ernst.
Beim letzten Spiel habt ihr haushoch verloren.
Danach habt Ihr geschworen, dass Euch das nicht nochmal passiert.
Euer Trainer hat Euch genaue Anweisungen gegeben und Ihr habt beim letzten Training wirklich gut gespielt.

Lässig lauft Ihr am Samstagmorgen auf den Fußballplatz.
Ein bisschen nervös seid Ihr natürlich schon.
Aber anmerken lasst Ihr Euch das nicht.

Das Spiel beginnt mit dem Anstoß Eurer Gegner.
Unglaublich: schon nach wenigen Sekunden habt Ihr ihnen den Ball abgenommen.
Und einige Minuten später fällt das erste Tor für Euch.
Was für ein Jubel!
Ihr klatscht Euch gegenseitig ab und nehmt Euch in die Arme.

Euer Trainer spornt Euch jetzt immer weiter an.
Ihr wollt ein zweites Tor schießen.

Aber dann, so was Blödes. Eure Gegner schießen auch ein Tor.
Es steht Eins zu Eins.

„Na und?“, denkt Ihr Euch, „Wollen wir doch mal sehen!“.
Ihr spielt gut, die anderen aber auch.
Keinem will ein Tor gelingen.
Aber dann, kurz vor dem Ende des Spiels bekommst Du den Ball.
Direkt vor dem Tor des Gegners.

„Jetzt oder nie!“, denkst Du.
Und Du schießt den Ball in die obere rechte Ecke.

Tooor, das war's!
Ihr hört, wie der Schiedsrichter abpfeift.
Die Zuschauer jubeln. Und Ihr erst!
Ihr habt zwei zu eins gewonnen.

Und Du hast das entscheidende Tor geschossen!

Stolz klopft Ihr Euch auf die Schultern.
Jetzt habt Ihr richtig Lust, mit der gegnerischen Mannschaft ein Bierchen trinken zu gehen.

Nimm diese Gedanken mit und kehre nun in den Raum zurück.

Diese Geschichte richtet sich an Fußballspieler oder Fußballfans. Das werden meistens die Männer sein. Sie sollen sich an erfolgreiche sportliche Momente erinnern. Dabei geht es darum, den Zusammenhalt im Team, in der Mannschaft wieder aufleben zu lassen. Gemeinschaftssinn ist etwas, das im Alltag der Menschen genauso gebraucht wird, wie im Sport. Und es soll darum gehen, die eigenen Kräfte wiederzuentdecken. Nach dem Motto: „Ich kann das!"

Mögliche Fragen

- Habt Ihr Lust, Fußball zu spielen?
- Was sind Eure Lieblingsfußballspieler/-vereine und warum?
- Erinnert Ihr Euch noch, als die deutsche Nationalmannschaft 2014 in Brasilien Weltmeister wurde? Wie habt Ihr das erlebt?

Wir wünschen eine gute Nacht

Stell Dir vor, Du liegst in Deinem Bett.
Ganz warm, weich und geborgen.
Du hörst beruhigende und angenehme Musik.
Du bist ganz zufrieden und glücklich.
Einfach so. Du fühlst Dich wohl.

Du bist eins mit Dir und Deinem Körper.
Du bist ganz ruhig und entspannt.
Du spürst, wie sich eine angenehme Ruhe in Deinem Körper ausbreitet.
Du spürst mit jedem Atemzug, dass Du immer ruhiger und entspannter wirst.

Du konzentrierst Dich auf Deinen Atem.
Du atmest ganz ruhig ein und aus.
Zwischendurch seufzt Du ganz tief.
Du spürst eine wunderbare Ruhe in Dir.
Langsam breitet sich eine wohltuende Schwere in Dir aus.

Dein ganzer Körper wird immer schwerer und schwerer.
Es beginnt an Deinen Armen, an Deinen Schultern, gefolgt von Deinem Oberkörper und Bauch bis hin zu Deinen Beinen und Deinen Füßen.

Es ist angenehm, diese tiefe Schwere zu spüren.

Du bist bei Dir und genießt diesen wunderbaren Zustand.
Langsam spürst Du, dass auch Dein Körper immer wärmer und wärmer wird.

Es ist eine ganz angenehme Wärme, die nun durch Deinen ganzen Körper strömt.

Hände, Füße, Arme und Beine sind warm. Du spürst nur noch Dich, Deinen Geist und Deinen Körper.
Und Du bist froh und zufrieden, müde und wohlig warm.

Du schläfst jetzt ein.
Du bist gut behütet und ganz sicher.
Du wirst morgen neugierig und voller Zufriedenheit erwachen.

Das Leben wartet auf Dich und es hält noch viele wunderschöne Momente für Dich bereit.

Schlaf schön!

Wir alle kennen das Gefühl, am Abend nicht immer gut loslassen zu können. Wir sind möglicherweise mit irgendetwas beschäftigt – und dann kommen noch störende Geräusche aus dem Nachbarzimmer. Das kommt in Wohnheimen und Wohngemeinschaften relativ häufig vor und lässt sich nicht vermeiden.

Die Geschichte lädt ein, loszulassen und einfach bei sich zu sein. Alles ist gut, so wie es ist. Die Zuhörer sollen sich schlichtweg auf das Wesentliche konzentrieren, auf den Atem, auf Erdung und Wohlbehagen. Einfach Ruhe und Schlaf finden.

Diese Geschichte bedarf insofern keiner weiteren Reflexion. Wir wünschen einfach eine gute Nacht!

Literatur

Berndt, C. (2013): Resilienz: Das Geheimnis der psychischen Widerstandskraft. dtv, München

Fröhlich-Gildhoff, K., Rönnau-Böse, M. (2019): Resilienz. 5.Aufl. Ernst Reinhardt, München/Basel

Furmann, B. (1999): Es ist nie zu spät, eine glückliche Kindheit zu haben. Borgmann, Dortmund

Haas, M. (2015): Stark wie ein Phönix. Wie wir unsere Resilienzkräfte entwickeln und in Krisen über uns hinauswachsen. OW Barth, München

Hockling, S. (2015): „Eine Krise ist ein produktiver Zustand". Interview mit Nicole Willnow, Gesellschaft für Resilienz. Zeit Online. In: www.zeit.de/karriere/beruf/2015-02/resilienz-mitarbeiter-unternehmen, 28.09.2015

Jung, C.G. (1995): Gesammelte Werke. Walter-Verlag, Düsseldorf

Das Passwort zum Öffnen der Dateien lautet:
Urlaubs8Gedanken!
Bitte geben Sie das Passwort nicht weiter!